광복 80주년 기념집

문학이 날다

문학박사 **지은경** 엮음

한국문인협회
문학정보화위원회

축사

아련한 추억 속에
부르는 노래

김호운
(소설가 · 한국문인협회 이사장)

올해 광복 80주년을 맞습니다. 1945년 8월 15일, 일본으로부터 국권을 되찾은 지 80년이 되는 날입니다. 그날 태어난 해방둥이가 어느새 80세가 되었습니다. 그래서인가요. 언제부터인지 이날을 잘 기억하지 않는 분들이 많아졌습니다. 젊고 늙고를 떠나 마음이 모두 80세가 되어 버린 듯합니다. 정부에서 기념식을 하면 뉴스로 보고 들으며 지나칠 정도로 무덤덤해졌습니다. 집집이 태극기를 내걸어 바람에 펄럭였는데, 이도 잊어버린 듯 태극기를 내걸지 않은 집이 많아졌습니다. 매년 8월 15일 광복절은 1948년 8월 15일, 대한민국 정부 수립을 함께 기념하는 5대국경일입니다. 정부기관에서만 기념하는 날이 아니라 우리 민족 모두 이날을 경건하게 되새기며 기억해야 하는 날입니다.

월간 《신문예》에서 '광복80주년 기념집'을 출간하여 광복80주년을 기립니다. 참 고마운 일입니다. 이 소식을 듣고 문득 어릴 때 부르던 광복절 노래가 떠올랐습니다. 선생님의 풍금 반주에 맞추어 노래 부르던 그 어릴 적 동무들은 다 어디서 무얼 하고 있는지, 아련한 추억 한 자락이 묻어나와 눈물 한 방울 떨어뜨릴 뻔했습니다. 내게 아직 이런 감정이 남아 있는 게 놀랍기도 하고 감사하기도 했습니다. 정인보 작사, 윤용하 작곡의 「광복절 노래」를 혼자 나직하게 불러보았습니다.

> 흙 다시 만져보자, 바닷물도 춤을 춘다.
> 기어이 보시려던 어른님 벗님 어찌하리
> 이날이 사십 년 뜨거운 피 엉긴 자취니
> 길이길이 지키세, 길이길이 지키세.

"솔도미 솔파솔라솔 파미레라 솔솔파미 / 솔도미 솔파솔라솔 파파미레라 솔파미레도…"「광복절 노래」음계를 열심히 외었습니다. 제대로 외지 못하면 방과 후 청소 벌을 받았던 기억도 납니다.

지금 이「광복절 노래」를 기억하고 부르는 국민이 얼마나 될까요. "역사를 잊은 국민에게는 미래가 없다."라고 했습니다. 단재 신채호 선생께서는 "자신의 나라를 사랑하려거든 역사를 읽을 것이며, 다른 사람에게 나라를 사랑하게 하려거든 역사를 읽게 하라."고 하셨습니다. 역사를 기억하고 상기하는 것은 더 나은 미래로 나아가기 위함입니다.

월간《신문예》에서 '광복80주년 기념집'을 출간한 일이 얼마나 훌륭하고 중요한지 거듭 감사 말씀을 전하지 않을 수 없습니다. 나아가 이 감격스러운 날에 문인들 작품을 모아 기념집을 만드는 일은 광복절을 기억하기 위함이기도 하지만, 한편으로는 인문학을 소홀히 하는 우리 사회에 경종을 울리는 한 줄기 빛이기도 합니다.

이 기념집에 작품을 실은 문인들의 염원과 작품의 향기가 독자들의 가슴에 전해지길 소망합니다. 문학은 '사람을 향기롭게, 사회를 아름답게' 하는 백신입니다. 시 한 편 외어 읊을 줄 아는 사람, 동화와 동시를 읽는 사람, 소설과 수필 등 문학 작품을 읽는 분들에게서는 향기가 납니다. 이 향기가 인정의 가교架橋를 만들어 세상을 아름답고 평화롭게 합니다. 문학을 포함한 인문학이 살아 숨 쉬는 사회가 이루어지길 소망합니다.

월간《신문예》에서 펴내는 '광복80주년 기념집' 출간을 거듭 축하하며, 이 책이 많은 독자에게 사랑받기를 기원합니다.

발간사

잊어서 안될 슬픈 역사

지은경
(시인·문학박사)

심훈은 "삼각산이 일어나 더덩실 춤을 추고, 한강물이 뒤집혀 용솟음치는 그날"이 오기를 간절히 염원하였지만 광복의 그날을 보지 못했습니다. 윤동주 시인은 광복 6개월을 남겨 두고 떠났습니다. 일제강점기에 수많은 독립운동 지사들이 일본의 탄압으로 꽃 같은 목숨들이 꺾이었습니다. 비록 자주적인 독립은 아니지만 1945년 8월 15일 갑자기 광복의 날을 맞았습니다. 그러나 광복을 맞이할 준비를 하지 못했습니다. 문학도 광복의 감격 속에서 글들은 역사 앞에 자유롭지 못했습니다. 이념의 대립으로 검열을 거쳐야만 했습니다. 보편적 진실을 탐구하는 문학이 역사 왜곡 논쟁이 되곤 했습니다. 잊어서는 안 될 슬픈 역사입니다. 감격의 의미를 되새기기도 전에 정치권력의 횡포 속에서 동족상잔의 비극을 맞아야만 했습니다.

그날의 감격의 의미를 되새기고자 광복80주년 기념집 『문학이 날다』를 발간하게 되었습니다. 일제의 잔혹한 탄압에 맞서 독립운동을 하다 먼저 가신 선열들의 숭고한 희생정신과 투쟁의 의미를 잊지 말아야겠습니다. 단순히 80년이라는 시간을 기념하는 것이 아니라 지난 세월 수많은 시련과 변화를 이겨낸 우리의 저력을 확인하고 앞으로 나아갈 길을 준비하고자 합니다. 문인의 소명이 무엇인지 돌아보고 미래의 가치와 소중함을 기리며 모색하고자 합니다. 소설가 한강의 노벨문학상 수상을 계기로 문인들도 새롭게 미래를 써 나가야겠습니다. 기록하고 설계하며 문인의 길을 묵묵히 걸어가야 할 것입니다.

광복 80년 이후 우리나라는 번영과 도약으로 진화해 왔습니다. 시대가 혼란할수록 광복 그날의 무게를 절감하며 우리 문학의 존재 이유를 생각해 봅니다. 4차 산업으로 급변하는 시대에 문학 역시 통섭과 융합을 하지 않고는 살아남을 수 없습니다. 정보가 난무하는 혼란의 시대에 날카로운 통찰과 따뜻한 시선으로 갈등을 조성하고 공동체적 동반자로서 미래를 지향해야겠습니다. 글쓰기에 앞서 치열한 현실과 맞서 더불어 살아가는 삶의 중요성을 인식해야겠습니다. 시대의 소용돌이 속에서 중심을 잃지 않고 독자와의 소통하며 다양한 실험정신으로 시대를 보여 주어야겠습니다. 공존과 평등을 기반으로 타인과 상생하는 삶의 덕목은 무엇인지 새로운 도약의 발판을 마련해야겠습니다.

칸트는 인간 정신은 순수한 사유를 통해 참된 인식해 도달한다고 했습니다. 날카로운 통찰과 따뜻한 시선으로 그날의 무게를 되새기며 시대변화에 능동적으로 대처하여 갈등을 조율하고 진화해야겠습니다. 4차 산업의 전환점에서 시대와 호흡하며 희망의 메시지를 담아야겠습니다. 문학이 독자를 외면하면 존재 이유를 잃습니다. 물질문명으로 삭막해져가는 현대인들에게 문학이 어머니의 품과 같은 따뜻한 감동의 언어로 존재의 꽃을 피워야겠습니다. 나홀로 사는 시대에 문학이 있는 한 세상은 결코 외롭지 않다는 것을 보여주어야 합니다. 미래를 향해 또 정진하며 성실히 나아갑니다.

차 례

강에리 그날	10	
강영덕 조국의 햇불	12	
고금석 향수의 보능 외 1편	14	
고응남 아버지의 눈물 외 1편	16	
곽광택 당신의 미소 외 1편	18	
곽종철 또, 한 걸음 더 내딛자	20	
구재기 햇살 연주 외 1편	22	
권갑하 김밥 한 줄의 명상 외 1편	24	
금동건 나도 나이 든 줄 몰랐다 외 1편	26	
김경순 도시의 이모티콘emoticon 외 1편	28	
김관식 병풍도 외 1편	30	
김관형 하늘의 언어 외 1편	32	
김규선 하나님이 주신 비 외 1편	34	
김도연 통일을 그리며 외 1편	36	
김명자 옛집·2 외 1편	38	
김명주 어둠이 물러간 그 자리 외 1편	40	
김민정 광복80년, 우리는 누구인가	42	
김민채 오얏나무 아래 외 1편	44	
김민홍 詩를 쓴다는 건	46	
김백경 글을 쓰는 이유 외 1편	48	
김병화 서핑 외 1편	50	
김석인 통곡하는 미루나무 외 1편	52	
김선영 종이의 겹 외 1편	54	
김선우 자작나무 외 1편	56	
김선일 비빔밥 외 1편	58	
김순규 발왕산 주목 수묵화 외 1편	60	
김순애 나가요 외 1편	62	

김시은 시장 골목 외 1편	64	
김영수 무궁화 외 1편	66	
김영순 3·1정신을 새기며 외 1편	68	
김영진 도라산 평화공원에서 외 1편	70	
김예숙 두 바퀴의 삶 외 1편	72	
김유조 달빛 갈망 외 1편	74	
김윤숭 배신의 계절 외 1편	76	
김은수 하늘 답장 외 1편	78	
김정형 왕의 꿈 외 1편	80	
김종상 수화手話 외 1편	82	
김지연 페니실린 과민반응 살인사건 외 1편	84	
김진중 꽃조선 아라리	86	
김찬해 사도 광산 잊지 말아요 외 1편	88	
김춘자 같이 가는 길 외 1편	90	
김태룡 동행의 길 외 1편	92	
김태형 광복 80주년에 생각나는 사람 1 외 1편	94	
김태환 광복 傘壽라 외 1편	96	
김하영 광복 80주년에 즈음하여 외 1편	98	
김행숙 초승달이 기웃거린다 외 1편	100	
김현숙 문득문득 외 1편	102	
김호운 변하는 나무, 변하지 않는 언어	104	
김후란 겨레의 큰 별, 안중근 의사님 외 1편	106	
김희경 눈부신 오월 외 1편	108	
류영환 말의 끝에서 시작된다 외 1편	110	
민용태 하루 하루 참 좋은 날 외 1편	112	
박기임 가을이 찾아오는데 외 1편	114	
박길동 님의 향기	116	

박두익 시인의 세계 외 1편 118	안기찬 차마 외 1편 172
박민정 광복의 아침을 기리며 외 1편 120	안병학 새벽바다 외 1편 174
박성철 한계령을 넘는 구름아 외 1편 122	안윤자 북악 아래 노천카페 외 1편 176
박숙자 동해시 라벤더 축제 외 1편 124	안재찬 2033년 8월 8일 12시 178
박순자 독립군과 광복절 외 1편 126	안종만 캥거루족이 늘어난다 180
박영곤 망월동 외 1편 128	안혜초 8월에 우리는 진정 182
박영애 나는 잘못 살아온 걸까 외 1편 130	양상군 기둥뿌리 184
박용유 나이 먹다 외 1편 132	양재영 삼천리의 눈물 이야기 외 1편 186
박원규 개망초 편지 외 1편 134	양창식 저무는 햇살에 그대 이름을 적다 외 1편 188
박종대 그림 한 점 외 1편 136	엄창섭 존귀한 이름 외 1편 190
박진호 대한민국 독립 만세 외 1편 138	여운 한송이 국화 외 1편 192
박철언 엄혹한 시대, 민족의 저항시인 이상화 외 1편 140	오광자 분단 70년 외 1편 194
백영호 다듬이 소리 142	오동춘 한 많은 통일염원 외 1편 196
사위환 불멸의 뿌리 외 1편 144	오만환 초평 5월 외 1편 198
서광식 아직도 못다 부른 노래 외 1편 146	오세영 8월의 시 외 1편 200
서정원 불과 물의 한마당 외 1편 148	오세현 호수 외 1편 202
선유미 민족시인 윤동주 외 1편 150	우영숙 양파 외 1편 204
손수여 그날의 절규, 우리의 빛 외 1편 152	우태훈 안개꽃 외 1편 206
송낙현 광복 80주년을 기리며 외 1편 154	원용우 학문 탐구 외 1편 208
송미순 철鐵의 노래 외 1편 156	유경자 발자취 따라 외 1편 210
신갑식 문득, 그리움 한 줌 외 1편 158	유소선 풍등 외 1편 212
신경애 편지 외 1편 160	유숙희 아침 풍경 외 1편 214
신민철 관악산 산 그림자 외 1편 162	유자효 북해도의 휴일 외 1편 216
신순동 해 저물녘 여로 외 1편 164	유호근 고향 집 빈 항아리에 핀 소금꽃 외 1편 218
신영옥 광복 80주년을 맞으며 외 1편 166	윤석산 접목 외 1편 220
신혜경 바다의 푸르름으로 천연 염색을 하자 외 1편 168	이광희 푸른 혈서 외 1편 222
신호현 죽으면 죽으리라 외 1편 170	이규석 오 마이 갓 외 1편 224

문학이 날다 7

목 차

이규원 꽃반지 외 1편	226
이근배 그곳이 참하 꿈엔들 잊힐리야 외 1편	228
이기정 그는 누구인가 외 1편	230
이명숙 그날이 오면 외 1편	232
이명우 산골풍경 2233 외 1편	234
이복자 연필 외 1편	236
이서빈 올챙이를 산란하는 비요일 외 1편	238
이석곡 역경 외 1편	240
이수영 누워있는 시인, 마르크샤갈 외 1편	242
이순옥 꿈 넘어 꿈 외 1편	244
이순자 평화의 소녀상 외 1편	246
이승하 부활하는 새들	248
이영순 세상엔 외 1편	250
이오동 격렬비열도 외 1편	252
이옥 202호 외 1편	254
이옥진 종소리 외 1편	256
이옥희 그 외침 혼불 되어	258
이의숙 달빛을 본 꽃잎	260
이의영 빌어 우는 바람 소리 외 1편	262
이인복 이석영 외 1편	264
이인애 안중근 외 1편	266
이정숙 달 뜨는 날 외 1편	268
이정식 소묘 외 1편	270
이정희 문학에 거는 기대	272
이제민 광복 80주년의 아침	274
이제우 하늘로 흐르는 강 외 1편	276
이주현 산소 같은 사람 외 1편	278
이창식 이름 하나 외 1편	280
이철우 수다 외 1편	282
이한재 묵주 외 1편	284
이한희 광복의 그날 외 1편	286
이현경 웃음 하나 꺼내서 외 1편	288
이혜숙 수애기 커피숍에서 외 1편	290
이효 휘어진 바람에게 묻다 외 1편	292
이희국 고도에서 생각하다 외 1편	294
임보선 저 바다 외 1편	296
임애월 조선바람꽃 외 1편	298
임완근 열무김치 외 1편	300
임하초 아름다운 하루	302
장건섭 목련 한 잎, 여름의 한복판에서 외 1편	304
장종국 날 수 있어 외 1편	306
장진 명문대 외 1편	308
장태윤 광복 80주년에	310
장해익 국민의 자부심을 일깨우는 노래	312
장현선 새날, 스케치1 외 1편	314
전민 가위 바위 보 외 1편	316
전산우 마음 외 1편	318
전상중 평범한 사람들의 특별한 힘 외 1편	320
전영모 광복 80주년에 즈음하여 외 1편	322
전홍구 80송이 외 1편	324
정계문 천년을 걸어온 나무 외 1편	326
정교현 산불 혼불 외 1편	328
정구민 새소리 까페 외 1편	330
정근옥 바라나시 연꽃, 그 푸른 바람 외 1편	332

정대요 전사자 철모속의 메모 외 1편 334	최혜영 2023, 강릉제8보병사단 388
정덕현 왔다가 사라지는 것 외 1편 336	한기정 늦게 온 반지 390
정성수 내 이름은 몽상가 외 1편 338	한말숙 13세 때 세계문학의 신천지를 보다 392
정순영 손가락 외 1편 340	한범수 세상살이 외 1편 394
정승운 독도여외 1편 342	한분순 너의 외로움이 반짝여 가끔 잠에서 깨어 외 1편 396
정영례 엄마의 소원 외 1편 344	한성근 새로운 시작을 꿈꾸며 외 1편 398
정용규 어찌 세월에만 미루랴 외 1편 346	한임동 선구자를 그리워하며 외 1편 400
정정남 감자꽃 외 1편 348	허형만 녹을 닦으며 외 1편 402
정찬우 구국의 영웅들이여 외 1편 350	홍기영 별 외 1편 404
정해란 두 얼굴의 바다 외 1편 352	황선기 월미도 사랑 외 1편 406
조승부 연애와 이별 354	황선호 여름의 한낮 외 1편 408
조화훈 늘푸른 소나무 외 1편 356	황옥례 미물들의 전쟁터 외 1편 410
지영자 그리움의 노래 외 1편 358	황주철 소박한 행복 외 1편 412
지은경 태극기는 살아있다 360	황혜경 아레시보 메시지 외 1편 414
차용국 진정한 휴머니스트 외 1편 362	
차학순 무명無名 용사 364	
채자경 울음 타는 붉은 강 외 1편 366	
천도화 애가 탄다 외 1편 368	
최계식 격렬비열도 외 1편 370	
최돈애 광복 80주년에 외 1편 372	
최미금 꽃방 외 1편 374	
최병원 분단의 벽을 넘어 통일로 376	
최선미 시대의 빛 외 1편 378	
최영희 아, 옛날이여! 외 1편 380	
최정아 끼이익 외 1편 382	
최진만 초승달 외 1편 384	
최춘 2일간의 해방 외 1편 386	

강에리
소설가·시인, 제19회 황진이문학상 수상, 시집 『단 하나의 꿈』 SF소설 「루시 이야기」 외.

그날

그날
순하디순한 사람들이
태극기 하나 들고 떨쳐 일어났다
로마 병사들 앞에 선 순교자처럼
총칼 앞에서도 물러서지 않았다
함성을 찢는 총성과 함께
하얀 옷 위로 붉은 꽃이 피어났다

동료들이 꽃잎처럼 스러진 후에도
마지막 순간 마지막 한 사람까지
결연히 싸울 것을 맹세했다
그들이 지닌 것은
불의에 대항하는 결연한 의지와
조국을 위한 순결한 마음뿐

남들은 그날이 올 것을 믿지 않았다
따듯한 밥과 고운 옷과 종이 훈장에
제 동포를 팔아넘긴 남들은 몰랐다
가끔은 하늘도 스스로 돕는 자를 돕고
필연은 기적을 만든다는 것을
열일곱 어린 소녀는 알고 있었다

시간은 느려도 정의 편인 것을

그날
삼천만이 하나 되어 외쳤다
풍찬노숙風餐露宿*으로 야윈 노인들과
쫓기고 쫓겨 사방으로 흩어진 의로운 군인들은
이국異國**에서 얼싸안고 울었다
가족과 고향과 목숨과 맞바꾼 기도
먼저 간 동료들의 염원
"대한 독립 만세!"
"대한 독립 만세!"

* 風餐露宿풍찬노숙: 바람 속에서 먹고, 이슬을 맞으면서 잔다는 뜻. 객지를 떠돌아다니며 고생스러운 삶을 비유하는 말.
** 이국異國: 인정, 풍속 따위가 전혀 다른 남의 나라.

강영덕

1998년 월간〈문학 21〉등단, 〈한국시대사전〉에 수록, 강서문인협회문학상 본상, 에스프리문학상 최우수상, 시집『시간의 채널』외.

조국의 횃불

평화로운 백의민족
순박한 이 땅 위에
바다 건너 왜족들은
야심의 욕망에 날을 세워
아름다운 금수강산
독수리 발톱으로 침략하여
잔인하게 유린하며 난도질하였으니
꿈으로 가득찬 열여덟 살 소녀의
한 뜻과 한 희망과 한 마음은
아우내 장터를 독립의 중심으로
대한독립만세를 향하여
일파만파로 민족의 혼불은
아우내 장터로 몰려들었다

나도 유관순, 너도 유관순
우리 모두 유관순이 되었던 날

대한독립만세를 목청껏 불러야 했던
나의 조국이여
내 조국, 내 강산
내 손으로 지키자

우리 손으로 지키자
오직 그것만이 나의 희망이요
나의 전부인 평화로운 대한민국
지키고 지키고저 바랄 뿐
대한 독립 만세
방방곡곡 울려 퍼지고
산천초목도 불이 붙으며
온 겨레는 일어섰다
온 겨레는 일어섰다
겨레여, 겨레여
내 조국, 내 강산
내 손으로 지키자
우리 손으로 지키자
불꽃의 고귀한 열사
불꽃을 피운 숭고한 열사
불꽃의 시발점을 만든 순교의 열사
꽃다운 열여덟 살 열사
조국의 횃불이여, 그 얼과 그 혼은
지금도 명명백백히 흐르고 있나니
자주적인 대한민국
영원히 혼불로 지켜가고 있으리라

고금석

시인·작사가, 한국문협 시분과 위원, 인사동문인협회 회원, 저서 『우주의새싹』 외.

향수의 보능

산에 가면
먹을 것이 꽉 찼지
어머니처럼 정 넘치는 과일
산나물 바구니 가득 챙겨주고
새들의 사랑 노래 불러주고
산중의 인심 바다보다 더 넓었어
그런 고향 소명 되어 버렸다

꿈의 고향
논과 밭의 곡식들이 춤추고
냇가 가재 물고기 다슬기
그 어린 시절 생생한데
무성한 잡초 우거져 흔적 찾을 수 없다

사람 사는 향기 금방 보일듯 한데
어두운 밤처럼 보이지 않은다
내 고향 인기척 없다

내 고향 돌려다오
내 고향 향수 돌려다오

동요하는 고서 告書

밤에만 태어나는 너는 지식이다
수많은 인류가 갈망하였던
그러나 만나지 못했던
그래도 너를 스치며 사랑 했단다

길 잃은 때
너를 성급히 읽어대며 길 찾으려 했지
너는 웃는날 있으면 슬픈날도 있다고
세월 속이는 것이 아니라고
변해가는 얼굴 탓하지 말라고
그런데 너 만나지 못했던 것이 좋았단다
너를 알아 갈수록 심술은 더했진단다

너를 좋아하는 것이 아니었단다
네가 말하는 것만 듣는 바보가 되었단다
너를 떠나는 이들이 생기고
나도 떠나야 했단다
눈 총총할 때
지혜 찾으러 떠나야 한다
머리로 아는 것보다
마음으로 다가가는 것이 필요하단다

고응남

소설가·시인·수필가·화가, 백석대학교 교수 역임, 인사동시인협회 부회장, 마포문인협회 편집주간.

아버지의 눈물

제주 앞바다 잔잔한 거울에
비친 모습에 아차 싶었다
충분히 솟구쳐 오를 수 있으리라 생각했는데
누군가 밑으로 옷자락을 끌어당긴다

상체는 새의 깃털처럼 가볍다
하체는 물먹은 바지를 입은 것처럼 무겁다

그대는 하늘로 승천하려는 것인지
바다로 잠수하려는 것인지
왜 그런 슬픈 모습으로 정지한 채
하늘로 올라가지 못하였는가
한라산의 옥구슬을 몰래 훔쳐
하늘로 오르려는 도중
한라산이 쏜 화살에 맞아
그 찰나 떨어져 시커먼 이무기로 변했다

천 년 동안 바다 밑에서 근육을 다듬었지만
여전히 몸과 마음이 무겁고 단단한 바위이다
붉은 마그마의 분노는 시커먼 물에 잠재워졌다
부서지는 하얀 포말 용두암의 눈물 되어 나를 울린다

하르방 하르바앙

어제만 해도 바다가 잔잔했는데
지금은 왜 높게 출렁거리나
내가 왜 그런 말을 했을까
후회가 막심이네

하르방 바당에 강 하영 잡앙 옵써예
이 말 하지 말걸 괜히 그말 하고서
파도가 잠잠하면 좋으려만

경허주 오늘은 날도 좋으난
고기 하영 잡히커라
돌아오는 배는 보이지 않고
굵직한 음성만 내 귓가에 메아리치네

파도가 철썩철썩 부딪치는 소리
하르방 하르바앙 울부짖는 그녀의 음성
혼저 돌아 옵써 예

외돌개의 눈가에 이슬이 맺혀 하늘을 향하네
저 멀리 뭉게구름 하르방 닮아 보이네

곽광택

동작문협 고문, 한국노년인권협회 감사, 시집 『마음의 고향』 외.

당신의 미소

당신이 미소 지으면
거울도 미소 짓는다

밝은 미소 상냥하게 인사하자
언제나 밝음만 보자

장미에도 가시가 있다

달

하얀달 그림자 밝으며
새 하늘을 벗 삼고
풀벌레소리 생각하며
고향을 그리워한다

저 달빛속에 찬서리
조용히 가랑잎은 지고
잠못 이룬 어느날 미소

사무치는 나의 마음
달빛속에 퍼지네

곽종철

전쟁문학회 부회장, 서울시인협회 이사 및 한국문협 독서진흥위원, 한국전쟁문학상 외, 시집 『바람은 길이 없다』 외.

또, 한 걸음 더 내딛자

광복, 80년이 지난 지금도
영광이요 기쁨이다
그때의 감격,
아직도 가슴을 울리는데
등 따습고 배부르니
금수禽獸로 전락하여 신세타령할 때
금수강산이 우리 것이 아닐 때
그 설움, 벌써 잊었나?

국권 회복을 위한 선구자의 희생
그 이름 세월 속에 묻지 말고
자유의 노래로 되살리고
그 눈물, 그 고통은
우리가 가야 할 길에
힘찬 발걸음의 등불로 삼아야지
그 희생, 또 잊었나?

광복, 그때의 어둠을 밝힌 희망,
우리는 그 빛을 따라
억눌린 땅, 얼어붙은 땅을
자유의 땅, 평화의 땅으로 만들고

가난의 역사를 청산하고
산천초목의 숨소리조차 포근한
대한민국으로 가꾸었다. 지금은
세계가 부러워하는 나라다
하지만, 바람 앞의 등불처럼
무언가가 불안하고 위태로운 것은
나만의 기우棋憂일까?

광복의 날, 피맺힌 외침으로
어둠 속에서 빛을 찾아
조국에 꽃을 피운 위대한 첫걸음처럼
자랑스러운 대한민국을 세운 것처럼
한반도가 세계의 중심이 되게
광복 80주년을 맞이하여
그 위대한 첫걸음
다시 한 번 또 한 걸음
더 내딛자

구재기

1978년 『현대시학』으로 등단. 한국문인협회 부이사장, 신석초문학상 외, 시집 『물소리를 찾다』 외.

햇살 연주
- 광복 80주년을 맞으며

햇살의 성급한 발걸음에 앞서
뜨락의 감나무 마른가지에 날아와
제 뜻대로 지저귀는 새들에게는
울음도 노래도 없었다

다만 새들의 지저귐을
울음으로 듣는 자는
노예가 되고, 노래로 듣는 자는
햇살 받은 연주자가 되었다

지나온 밤, 긴 어둠 속에서
조용히 가다듬은 깊은 생각으로
모든 방황을 끝낸 새, 그 새들의
가슴 가득 품었던 저 위대한 자유

꽃처럼 빚은 아름다움과
향기로운 꿀을 벌들이 모으듯
새들은 있는 힘을 다하여
일제히 떼를 지어 노래 불렀다

자작나무 숲에서

순백의純白衣 검은 상처로
옹이를 만들어 놓은 나무
누구를 기다리고 있었던 것일까
환한 웃음에
하얀 블라우스 속에 감추어진
깊은 상처는 이미
까맣게 굳어진 지 오래였다
만날 수 없는 기다림으로
바람을 불러 가지를 마구 흔들어댔다

자작나무 숲에 들어
비로소 따라 웃는 모습을 보았다
바람 한 줄기라도 불어오면
자작자작, 외쳐대는 나무
뜨거운 가슴은 숲에서도 끓는 팔월이었다
불태워진지 이미 오래인데
아직도 주체하지 못하고
하얀 숲에서 시원히 드러내면서
웃음을 짓는 까닭은 슬펐다

권갑하

시인·화가·서예가·문학평론가, 문화콘텐츠학 박사, 1992년 〈조선일보〉 신춘문예, 중앙시조대상 외, 시조집 『겨울 발해』 외, 현)강남문인협회장.

김밥 한 줄의 명상

한 줄이면 족하지
뭘 더 적을 것인가

할 말 많다고 해도
한 마디면 족하지

아홉 쪽
김밥 한 줄을
꼭꼭 씹어 먹는 날

담쟁이

삶은,
가파른 벽을
온몸으로 오르는 것

무성한
잎을 드리워
속내는 숨기는 것

비워도
돋는 슬픔은
벽화로 그려낼 뿐

금동건

시인·수필가, 한국문인협회 회원, 아태문인협회 회원.

나도 나이 든 줄 몰랐다

주말에 목욕 가면
거울에 비친 발가벗은 내 모습
누군가의 아버지처럼 닮았다
자세히 보면 볼수록
나의 아버지를 빼어 닮은 그 모습
이것이 내 얼굴인가
두 번 세 번 쳐다봐진다
때론 화들짝 놀라기도 한다
하늘나라에 계신 아버지가
큰 거울 앞에 서 계신다는 것
누구도 말해주지 않는다
늙어가면 아버지를 닮아간다는 것
사랑도 나이 든다는 것
매주 목욕탕에서
나의 아버지를 만나고
세월을 만난다는 것

엄마 젖무덤

덥거나 춥거나, 배가 고픈 날이면
당신이 그립습니다.

칭얼대는 나를 품에 안고
아낌없이 내어주시던
따뜻한 젖무덤.

이불 속에 꼭꼭 숨겨 두셨던
밥 한 공기의 정성,
굴뚝 끝에 피어오르던
구수한 된장찌개 냄새도
아련한 기억 속에 흩어지고,

세월이라는 긴 물살에 씻겨
이제는
당신의 젖무덤조차
볼 수 없습니다.

김경순

국제PEN한국본부이사, 한국문협대외협력위원회위원, 한국현대시인협회 이사, 육당최남선문학상 수상, 시집 『한밤의 랩소디』 외.

도시의 이모티콘emoticon

세상의 온갖 부패먼지 뒤집어쓰고
폐렴 앓고 있는 도시
두들겨보면 금이 간
옹기그릇 소리가 난다

자동차 방귀 먹고 사는
거무튀튀한 얼굴들
현란한 네온사인에 눈멀고
광란의 질주와 매캐한 냄새에 절어
시나브로 시들어간다

피묻은 고뇌로
뒤틀며 용을 쓰다
병든 도시의 야윈 독백이 수런거린다

0시의 블랙박스

적막의 주파수가 밀어를 쏟아낼 때
짓눌린 어둠 뚫고 펼쳐놓은 양탄자 위
밀림 속 세렝게티를 튀어나온 맹수의 질주

왕방울의 광기어린 푸른 눈빛 쏘아댄다
코끼리 톰슨가젤 버팔로 하이에나
앞선 자 바싹 뒤쫓는 포효하는 클랙슨

달리던 차선 위에 적색신호 들어오면
흰둥이도 검둥이도 지친 얼굴 라인 앞에
모두 다 힘겨운 방랑자 쉴 수 없는 마라토너

김관식

1976년 전남일보 신춘문예 문학평론 입상, 한국좋은동시 재능기부사업회 책임자, 시집 「가루의 힘」 외 21권, 소설집·평론집·동시집 외.

병풍도

신안 압해도 송공 항에서
철선을 타고 증도면 병풍도에 가면
올망졸망 이웃한 섬들
대기점도 · 소기점도 · 소악도 · 매화도 · 대섬 · 화도…
작은 섬들이 하루에 두번 썰물 때면
갯벌을 드러내며 어깨동무한다.

갯벌을 가로질러 노둣길 12사도
예배당이 문을 활짝 열고 순례자를 맞이한다.

집집마다 핑크빛 지붕으로
덧칠해놓은 집집마다
해마다 오월이면 온통 꽃 양귀비 병풍을 치고
찾아오는 관광객들에게 하트를 날려 보낸다.

해마다 시월이면 맨드라미꽃 병풍을 친다
生과 死는 병풍의 앞과 뒤
꽃 양귀비를 보고
맨드라미꽃을 보고
하루에 두 번 갯벌을 드러내며 설레발
찬송가를 불러댄다.

은행나무

온전한 사랑은
적당한 거리를 두고 바라보는 것
태양이 빛을 내뿜어 모든 생명을 보살피듯
은행나무는 오랫동안 자신을 지키며
꿋꿋하게 살아왔다
가까이 다가와 해치려는 벌레들에게
독을 내뿜어 응징하고 살아왔다.

수많은 풀과 나무, 벌레들이
제 욕심껏 살다가 재앙을 불러들여
사라지는 것을 많이 보아왔다.
오래오래 살아남는 것은 마음을 비우고
거리를 두고 사랑을 베풀며
자신을 지켜내는 것

가을
은행나무는
노란 은행잎을 떨구고
구린내 나는 열매를 떨어뜨리며
자서전을 쓴다.

김관형

건대 행정대학원 졸업, 산업통상자원부·특허청 심사관, 명지대 교수, 장폴싸르트문학상 외, 저서 『기술시 창작론』 외.

하늘의 언어

하늘이 높다하나 한계가 모호하다
높은 산위는 땅위 인접지도 하늘이라 한다
언어는 더러 하늘에 파도치는 소리로 진동하니
마음 슬기의 기치로 다스려 고운 요람을 이룬다
높은 하늘 소리의 파도를 앑은 하늘의 울림과
같게 종용하여 곱고 아름다운 소리 나게 한다
높은 하늘 소리를 하늘 공간 언어로 조정하였기
고요한 언어 하늘 소리의 문화 울림이 되게 하여
은근한 하늘의 언어 소리로 통일하자 제안한다

하늘 소리의 고즈넉한 파도 얌전한 언어 소리
우리 보람 깃든 울림 스미는 소리로 소통하잔다
소리 큰 사람이 하늘을 흔드는 시끄러운 소리요
우아한 소리를 내는 신기한 언어소리가 으뜸이다
소프라노와 테너 음악 소리는 달라야 제 맛이지만
기계 돌아가는 소리 용품 가공하는 소리 저지설치
자동차의 시끄러운 공간 소음을 조정할 수 있으며
우리 공간 하늘이 같듯이 요란 없이 고운 소리 쓰고
하늘의 언어로 소리의 아름다움을 빛내잔다.

지혜로운 생활

인생은 슬기로운 마음의 근원으로 산다
혼이 마음에 목적과 기준을 두어 잘 살게 한다

마음은 하늘과 바다보다 더 넓은 기량이 있다
인생이 어데서 왔다 어디로 가는지 몰라도
사는 동안 욕먹지 않고 늪에 안 빠지면 좋다
마음의 지혜는 혼이 지켜야 하고 믿어야 한다

- 남을 해롭게 하는 행패가 없어야 하고
- 지나친 욕망 황금주머니 윗자리 탐내지 말라
- 거친 행세로 남을 욕되게 하는 마음 지우고
- 늘 모질게 행동해 지천 자리가 되지 말며
- 날뛰는 기략으로 어둔 세상에 가지 말란다

변함없는 정직함을 근본으로 삼아 살게 하자는
지혜로운 생활의 근본이면서 필요한 지침이다

김규선

최치원문학관 시 창작반, 은점시문학회 회원, 의성군문화관광해설사, 상전교회 담임목사.

하나님이 주신 비

참 반갑다
눈물을 씻어주는
은혜로운 단비

아침에 바람만 불어
흙먼지 날리다가

누구의 간절한 기도 응답인가
비 비 비를 주옵소서

감사합니다
감사합니다…
수십 번 외쳤어
드디어 감사 비가
메마른 땅을 듬뿍 적시는 비

하나님의 사랑
우산을 홀 던지고
온몸으로 비 맞고 싶다

농부의 한숨 소리
이제는 찬송으로 울려 퍼진다
아버지 사랑합니다
고맙습니다

산불 도둑놈

불이 춤추며
널뛰기를 한다

산속 소나무를 먹는다
연기를 남기고
재를 남기고
아픈 상처를 남기고
그래도 배가 고파서
집을 먹고 간다

사람을 태우고
역사를 삼키고
보물도 태우고
바람 따라 도망간다

단비야 하늘 먹구름아
저 나쁜 불 도둑놈
잡아라

김도연

시인·화가·수필가, 한사랑문화예술협회 명예회장, 신문예문학상 외, 시집『지지 않는 꽃』외.

통일을 그리며

온 땅에 꽃잔치 흐드러지는데
너와 나, 겨레는 아프다
현충원 돌 비석에
님 기리는 하얀 꽃
피에 젖은 역사로 슬퍼라
순수의 청춘들
총칼 앞에 서러운 꽃잎되어 스러졌네
하늘이 무너지는 기막힌 생이별에
말 없는 피눈물 세월따라 흐르네
지금 나의 존재 포화 속 당신 피로
모든 것 초월한 님의 희생
서러운 영혼 빛줄기로 돌아와
미어지는 가슴 속 영롱한 넋이여
님의 푸른 뜻 마음에 새겨
통일의 그날 당신께 바치리

아버지의 그날

생전에 하시던 이야기
돌아가신 후에야 알았네
애국으로 다져진 당신의 마음
날아오는 포탄이 비껴간
상처 자국을 보이시며
구사일생 살아남은 이야기
눈에 보이는 듯한 전투 현장
전율을 느끼며 듣던 그 시절
포화속에 사라져간 전우들 그리며
망연자실 앉아 계시던 모습
넋이 되어 피로서 지킨 나라
우리가 지켜야 된다고 하셨네
지금은 현충원 하얀 꽃 속에서
먼저 간 전우들과 만나
그날의 이야기하며
통일의 그날을
그리고 계신다네

김명자

시인·낭송가, 국제펜·한국문협 회원, 아태문협 부회장, 시집 『플랫폼에서』 외.

옛집 · 2

아무도 돌아봐 주지 않음에
괜스레 부끄러워
빨갛게 홍조를 띠는
앉은뱅이 자두나무

그 위에
몹시도 반가운 말매미 한 마리
그리움의 정한을
깊은 계곡 폭포수처럼 쏟아놓는다

주인 없는 마당에
파란 이끼를 뒤집어쓴 7월이
하얀 거품을 내며 뒹굴고 있다
누굴 기다리는지…

플랫폼에서

바람이 분다
끈적하고 축축한 바람.

한여름에 철없는 진눈깨비가 내린다
환한 대낮에
벌거벗은 사람들이
빽빽하게 얽힌 시간 속을 뛰어다닌다

오고 가고 보내고 마중하고
그렇게 시간이 흐르고 세월이 흘러가고
삶이 굴러가고
추억이 굴러가면
다시 또 처음인 듯
설레며 마주할 수 있을까 우리.

김명주

치유상담학전공 박사, 한국열린사이버대학교 상담심리학과 특임교수, 참사랑교회 담임목사.

어둠이 물러간 그 자리

아픔의 땅
한없는 눈물로 덮어진 산하
거친 십자가 붙들려 있다

칼바람 차갑게 때리던 나날
캄캄한 땅에 참사랑을
심어놓은 당신을 만났다

어둠을 뚫고 내려온 당신
참사랑 외치다
하얀 서리로 남겨졌다

어둠이 물러간 그 자리
동쪽 하늘에 피를 뿌리며
붉은 태양이 올라오고 있었다

참사랑은

그리운 사람이 있습니다
하늘의 별빛을 바라보며 그리워집니다
참사랑은 그냥 그리움입니다

기다리는 사람이 있습니다
하늘의 달빛을 바라보며 기다려집니다
그냥 참사랑은 기다림입니다

보고픈 사람이 있습니다
하늘의 별 달을 바라보며 보고파집니다
참사랑은 그냥 보고픔입니다

그냥 참사랑은 참사람을 만나게 합니다

김민정

한국문협 부이사장 겸 상임이사, 한국문협작가상, 대한민국예술문화대상 외, 시조집 『펄펄펄, 꽃잎』 외.

광복80년, 우리는 누구인가

할머니 말씀으로
떠오른 광복의 날
푸나무와 돌덩이도
새 꿈을 머금었고
골목엔 아이들 웃음
덩쿨째 굴러왔다는

피 묻은 두 손으로
독립 위해 숨을 버린
이름조차 남김없이
스러져간 선진들이
심장을 쏘아올려서
그 빛을 받아냈다

편해진 세상 속에
가두리 양식같은
구호처럼 외쳐보는
애국이란 메아리
진실도 소비가 되는
어정쩡한 나라 정세

잘 살고 못사는 게
그 무슨 문제라고
비굴하게 무릎꿇는
한무리 사람들아
돌아올 내일의 무게
애써 외면 할 것인가

서로에게 반목없이
기꺼이 손을 잡는
그날의 목소리를
불씨로 다시 삼아
뜨겁게 타오르는 함성
오늘을 일으키자

김민채

한국문협 · 현대시협 회원, 국제계관시인연합 한국본부 한글문인협회 이사, 한국문학 특선상 · 한용운문학 우수상.

오얏나무 아래

이천만 하늘 잃은 오얏나무
슬픈 상흔 새긴 기억 바람에 흔들려
이내 눈물 같은 꽃잎 조용히 흩날리니

천지에 늘어지는 화려한 벗나무
찬란한 외침으로 내 하늘 누리랴
그 공허함만이 메아리치누나

빛바랜 기와 어느 담장 아래
침묵함에 꿋꿋이 서 있는 오얏나무
그 뿌리 하늘 심장처럼 묵묵히
대지를 움켜쥐고 있음을 아노니

억겁의 계절 바람이 분다하여
만개한 오얏꽃 사라지지 않으리라
잃어버린 혼을 기억하는 하늘만이
다시 환한 빛 되찾을 수 있음 이리라

벽란도 가는 길

백 갈래 길 위 서다
서로 다른 이름의 진리
모두 옳다 하나
진실은 단 하나이라

매원의 언덕 위 바람이 물으니
너는 어느 자락에 무릎 닿을 것이뇨
초연히 피어난 매화처럼
차디찬 빛으로 너를 빛내라

벽란도로 향하는 길목
눈빛 보다 깊은 언약이 있으니
영혼의 시간을 묻는 이들 사이
맑은 빛을 짊어지고 걷는다

천명이란
글이 아닌 피로 쓴 서사
그 이름은 공명, 공기의 흐름 빛이요
그 언어는 천수, 하늘의 흐름 물이니

                        백 길을 지나
진실은 기어이   단 하나의 빛으로 남음을.

김민홍

한양대학교 국문과 졸업, 1981년 《현대문학》 추천, 한국문협·국제펜 회원, 시집 『물고기가 되는 기쁨』 외.

詩를 쓴다는 건
- 在美 록커rocker 마이클에게

詩를 쓴다는 건
인생을 단어 속에 묻어둔다는 것*
시간을 낱말 속에 밀어 넣는다는 것이지
마치 압축공기처럼
튀어 오르거나 혹은 파열해서
가장 순수한 생만
추려내고 싶다는 것이지

시를 쓴다는 건
시를 쓰고 싶다는 것,
위로하고 이해받고 싶다는 것이지

그래, 시를 쓴다는 건
아직 살고 싶다는 독백이야

노래한다는 건
그대들 속으로 스미고 싶다는 것,
외로움과 기쁨을
나누고 싶다는 것이지

그동안 얼만큼 외로웠는지

혹은 기뻤는지
순간순간 지나가겠지만
함께였다는 기억은 남는 것

비록 내 노래가
그대에게 닿지 못하더라도
나는
노래하고 싶다는 것이지

그래, 노래한다는 건
아직 생을 사랑한다는 것이지

* 포르투갈 시인 아스팡카의 산문에서 이용

김백경

국제펜한국본부 이사, 한국문협고흥지부 고문 외, 백두산문학 본상 외, 시집 『바다로 가자 내일은』 외.

글을 쓰는 이유

나는,
하늘을 차지하고 있는 느티나무 한그루

뙤약볕 막고 서서
그늘을 만들어 놓고 자유를 노래합니다

나, 시를 낭송하면
지치고 힘든 자들 하나 둘 찾아와서
자유를 배웁니다

새들이 지저귀는 산들바람
시새움이 좋아서
졸면서 배우면서 자유를 노래합니다

나,
시를 쓰고 낭송하면
독도도 울고 대마도가 웁니다

나,
자유를 노래하면
백두산이 울고 금강산이 웁니다

나는, 그래서 너를 지키며
하늘을 차지하는
늙은 느티나무로 살아가고 있습니다

무궁화

민족의 정기 이은
끈질긴 역사의 꽃

도도한 배짱으로
오늘도 피었구나

언젠가 대한의 국화
세계 속에 빛나리

김병화

시인, 《신문예》 신인문학상, 여의도순복음교회장로, 시 「헤쎄드단풍」 외.

서핑

문제와 문제의파도
고난과 고난의파도
환란과 환란의파도

문제위에 좌정하시고
고난위에 좌정하시고
환란위에 좌정하신

주님을 바라보며
문제와 고난과 환란의
파도를 타는 서퍼가되리

* 서퍼:파도타는사람

소망

담장만 바라보지 말고
그 너머 넓은 초원 바라보고

문제만 바라보지 말고
그 너머 축복을 바라보고

절망만 바라보지 말고
그 너머 펼쳐진 소망을 바라보네

김석인

시인·스피치 지도사, (사)국제문화예술협회 최고 심의위원, 23회 천등문학상, 시집 『시가 뭔데』 외.

통곡하는 미루나무

서대문 독립공원
붉은 담장 옆 미루나무 한 그루
지금도 통곡하네

먼저 가신 애국선열들
눈물의 하소연
세월의 나이테에 채우고 있네

마지막 남긴 절규
미루나무는 기억하네
대한독립 만세 대한독립 만세

이 땅의 젊은이들이여
삼천리금수강산 분단 조국
통일 이루세 반드시~

누군들 어떠하오

그대는 뉘시지요
어디서 많이 보던 모습인데
만주벌판에서 밀개떡 먹고 왔나요

그러는 당신은 누구시요
많이 듣던 이름 석 자인데
물 건너 버터 바른 빵을 먹다 왔나요

그래 당신이나 나나 똑같이
국내에서는 살길이 막막하니
이국땅에서 애국한다고 밀정하고 살았지

개나 뛰나 독립 운동했다고 하니
뭐도 뛰니 꼴뚜기도 활개친다고
밀정들도 애국자로 변신해 버린 세상

과거 청산 못한 죄
그 후손들 떵떵 활보하니
똥파리면 어떻고 쉬파리면 어떠하겠소.

김선영

전북 김제출생, 동국대학교 국어국문학과 졸업, 2013년≪순수문학 등단≫, 제9회 전라북도 인물대상, 시집『달팽이 일기』외.

종이의 겹

마음은 종이의 겹처럼 얇다
바람이 불면 갈라지고,
비가 오면 무너진다

나는 기억 속 가장 오래된 겹을 꺼낸다
첫 번째 상처,
두 번째 외면,
세 번째는 무심함

포개어진 마음들을 펼치다 보면,
그 아래에서 아주 작게 울고 있는 무언가를 만난다

그것은 아직 이름도 없고,
손댈 수도 없는
그러나 분명히 살아 있는 유년의 기억이다

모르핀

나는 그동안 손안에서 놓친 것이 무엇일까 계속 생각 했어
어느새 내 상상이 해안 열차를 타고 항구에 다다랐어

블루포트카페에서 통창으로 들어오는
바다 전망을 음미하고 있었어
엘리자베스 스페셜 티를 마시며 책을 읽어야지
입안에 시큼 달큼한 생각이 고여
혀끝에 새초롬한 미래가 돋아날 때까지

뜨겁던 노을이 식어가는 순간이 와도
창밖의 풍경을 꼭 쥐고 있어야지

아직 뭔지 못 다한 말을 묻지 못해서
저녁을 껴안으면 슬픈 구절이 다시 등장 할 것만 같은데

리듬을 타듯 급성으로 번지는 어둠을 받아들였어

못다 쓴 페이지 따위는 잊고
놓친 것이 생각나지 않을 때까지
나를 감추고 또 감췄어

김선우

산림문학회 회원, 양양문학회 사무국장, 양양국유림관리소 퇴직, 강원도립대학교 해양경찰과 학사 외.

자작나무

흰 두루마기
빽빽이 늘어선 원대리 산자락

계절 따라 갈아입지 못해도
순백의 자존심 잃지 않고
한 겹 두 겹
억압의 굴레 벗으며
민족의 자긍심 내비친다

매서운 삭풍에도 쓰러짐 없이 곧추세우며
창살 없는 창공을 향해 격렬히 써 내려간다

자유란 두 글자
하늘빛 담은 눈망울
모름지기 독립을 갈망한 응분이 맺혔다
꺾이지 않은 굽힘은 우리의 기상이다
흰 두루마기 핏빛으로 짓이겨도
조국의 광복은 밝아온다

자작나무 굽힘만큼 펴질 때
독립의 열망 드높이 더 멀리 메아리친다.

쇠락한 주권主權

아픔의 통곡이다
신음은 알알이 맺혀 동빙한설 되고
분노는 목구멍으로 역류한다

누구의 탓인가
시대 흐름인가

내 터전이고
생명이 숨 쉬고 있음에도
내 것임을 손 놓아버린
주인의식 쇠퇴한 부조리 온상
이제는
서로의 탓 용서하고

지혜로운 머리 맞대고
옹골지게 세상 밖 외침
대한민국 독도는 우리 땅
더 이상 용납이 용서될 수 없으며
바로 선 주권 국가 국민이 세운다.

김선일

부산문학 등단, 부산문학협회시문학대상 외, 한국신문예문학회부회장, 강진문인협회수석부회장, 시집 『별아 바람아』

비빔밥

바위 밑 진한 기운
너른 바다 깊은 마음 담고

풀잎 이는 순수 바람에
아침 이슬 머금은 텃밭

붉은 꽃 환한 진주
흘러 맑은 손끝으로

선한 의지에
잔잔한 싱그러움 피워

사계의 천년 뜻 사르고
노을빛 향수에 버무려

입 안 가득
그윽한 사랑 터뜨린다.

사랑

별빛에 나부끼는
뒤안길 작은 무화과 잎새
대롱대롱 덜 익어 구슬 머물고

그림자 그린 그 끝자리
희미하게 어우른 별꽃 피어
아련한 그리움 파고든다

길게 늘어진 마음자락
진중한 물 흘러
청춘 매듭 키운다

아직 여물지 않은 그 길
푸른 속삭임에
선가슴 뜨거워온다.

김순규

2020년 《창조문예》 시로 등단, 창조문인협회 회장, 창조문예상 수상, 시집 『솔바람 피리소리』

발왕산 주목 수묵화

바람 불고 봄비 세차게 내리는 날
너를 만나러 간다
일천사백오십팔 미터 구름 속에서
굵은 선 긋고 선 네 모습
어찌 좋은 날만 있었겠느냐
비바람 홀로 견디고 서 있었구나
능선을 따라 배를 밀며 넘는 농무
우듬지를 지웠다 그렸다 붓놀림이 분주하다
거센 빗줄기는 몸통을 백묘白描*로 사선을 긋는다
안개구름은 이미 색을 지워버리고
몽롱한 발묵潑墨**으로 번지고 있다
천년 세월 누굴 보려고 저리 서 있었나
너처럼 나도 맨몸으로
조용히 네 옆에 기대어 선다
천년의 행간에 나를 세우고
모든 색을 지운다

* 먹 선만 사용하여 그리는 수묵화 기법
** 먹물을 번져 퍼지게 함

꿈꾸는 나무

한여름 보광사* 앞마당
단풍나무 아래서 하늘을 올려다본다
거목으로 자란 우산형 너른 수관
푸른 잎새 거느린 가지 끝으로
천 갈래 혈맥이 번지고 있다
떨어지는 햇살은 얼마쯤 엽맥 속으로 녹아들고
머물지 못한 것들은 다시 하늘로 올라간다
줄기에 귀대이면
아득한 물관의 고동
여린 잎 피워낸 제 몸의 먼 곳까지도
소홀함이 없는 사랑
시들지 않는 생수 땅속의 기운을 보내고
바람 속에서도 꿈을 꾸게 한다
손바닥마다 심장의 열정 새기고
하늘 별 꿈으로 영글어간다
아직은 푸르게 푸르게
수천의 손을 흔들고 있다
우리의 사랑처럼

* 과천에 있는 한 사찰

김순애

2012 불교문예 등단, 매일신문 시니어문학상, 저서 『발자국은 춥다』

나가요

나는 세상말 중 '나가요'라는 말이 좋다
사람들은 그 말에서 분 냄새와 술 따르는
소리를 생각하겠지만 찾아오는 이 없는 집에선 그
나가요! 라는 말이 가장 하고 싶은 말이니까
바람이 지나가도 '나가요!'
흰 눈이 소복소복 내려도 '나가요'라고 숨죽여 말하고 싶으니까
배꽃 필 때는 아예 문을 열어두고 기다리고
여름 장맛비는 청하지도 않았는데 집 한 구석으로
뚝뚝 들어오시곤 한다
그럴 때 얼른 받치는 그릇이,
똑똑 소리를 주고받는 그 그릇이 부럽기도 하다

곧 겨울이 온다
낡은 기와집에 냉기가 둥둥 떠돌고
문틈 사이로 들어온 독감은 고열에 시달린다
아무도 찾지 않는 고요한 방
무작정 문을 열고 나가본다
속으로 혼자서 '나가요'라고 해본다

'나가요'라는 말에는 누군가의 부름이 있다
세상 변두리에서 세상의 말이 부럽다

출산

민들레들이 만삭이더니 허풍선이 입덧 게워내더니 오늘아침 깨끗하게 몸 풀었다. 바람 한 모금 미역국 대신 훌훌 마셨다.

사람의 일이란 그 속에 열 달을 두고 성선설 성악설 가늠하는 일이지만 저 민들레는 몸 바깥에 다산多産을 붙이고 바람을 전전긍긍하더니 품어온 씨앗 걸음마 같은 건 비웃으며 훨훨 날려 보냈다.

민들레,
지상의 모든 봄이 제 자식이다.
노랗게 꽃피는 것들
그들도 모두 자식이다.

햇볕 따스한 곳 민들레가 몸 푼 곳들마다 햇살 군불때는 중이고 봄 어느 곳이라도 몸조리하기 좋은 곳들이다.

김시은

시인·낭송가, 한국문인협회 회원, 뉴VIP상조대표, 남서울대PD사설탐정사.

시장 골목

약동하던 장사꾼들은
하나하나 집으로 돌아가고
강아지들도 꼬리 흔들며
따라나선다

가을밤
짙은 어둠은 내리고
네온이 켜진 밤거리
취객의 느슨한 발걸음
불빛마저 취한 골목길

빌딩 사이로 밤은 흐르고
곧 파아란 새벽이 오면
시장의 손수레는
힘차게 달린다

눈꽃

가지에 내려앉은 흰 꽃
활짝 웃는 정다운 하얀 꽃
밤새 피워낸 눈꽃

당신 얼굴 그리워
밤새도록 잠 못 이루며
창문 열어놓고
눈송이 세어봅니다

당신이 좋아하는 눈꽃
흥얼흥얼 노래하며
두 손을 펴
고이 담아봅니다

싸늘히 식은 찻잔에
비추이는 당신의 얼굴
하얀 눈송이 앉은 가지 꺾어
당신에게 바칩니다

김영수

1984년 월간《아동문예》등단, 대전시문화상 외, (현)대전문예대학장, 동시집 『복숭아꽃 피는 날』 외.

무궁화

울타리 닭의장풀
보랏빛 눈을 트고

일본의 갖은 만행
숨죽여 지켜보다

광복의 새날을 맞아
무궁화꽃 피웠다

한반도 대한민국
내나라 내 땅인데

일본의 게다소리
뜨락을 넘나들 때

눈물이 미리내처럼
서러움을 토했다

삼천리 방방곡곡
만세를 외치면서

금빛봉 태극 깃발
드높은 함성소리

광복을 되찾은 기쁨
활짝 피운 무궁화.

아기꽃

아장아장
아기가
뜰에 나섰다

민들레
노랑꽃이
활짝 웃는다

아기도
꽃이고
민들레도
꽃이 되어서

방글방글
웃고 앉아있는
환한 낮.

김영순
월간《신문예》시·수필·소설 데뷔, 인사동시인협회 사무국장, 제11회 에스프리문학상 외, 시집 『아라뱃길의 바람』

3·1정신을 새기며

삼일절 백 주년이 훌쩍 지났다
역사 앞에 변함없는 뜨거움 펄럭인다

태극기 품에 안고 숨죽이던 그 시절
몰래 그리고 만들고 죽음도 불사한 깃발
목숨 걸고 외치던 대한독립 만세의 함성
그 목소리 아직도 쟁쟁하네

젊은 피 뿌리던 삼월의 뜨거운 혈기
나라를 찾으려는 우국충정의 목소리들
이념의 갈래에 묻혀 왜곡의 역사가 판치고
두 동강 난 조국의 몸뚱어리

더는 안 된다
이념이란 놈의 족쇄
동족상잔의 비극 거두고
휴머니즘의 세상 만만세

새천년의 물결 따라 아름다운 금수강산
사람이 행복한 대한민국이여 영원하여라

별을 향한 순애보

창공의 푸르른 별을 헤아리며
하늘을 우러러 긴 한숨 스치우는 밤

그토록 그리던 조국의 광복
청년의 고뇌와 슬픔 함께 보듬는다

암울한 나라 안팎의 사정이 그때와는 다른
또 다른 세계의 회오리로 가슴 시리다

원초적 불안을 떠안고 살던 민족의 통한
진정 나라 잃은 백성의 침통한 설움을 잊을 손가

죽음으로 그 넋조차 광복을 노래한 민족시인
임 향한 소망의 시 아름다운 우리 글로, 오래 남아

별처럼 푸른 청춘의 십자가 민족을 향한 순애보
혼백으로나마 우리글 한글로 찬란한 숨결 지켜내리

* 윤동주 옥사 80주기, 2025년 2월 16일 윤동주를 기리며

김영진

1997년 시집 『주님 찾기』로 창작활동, 한국문협·전북문협 회원, 한군미래문학문학상 수상 외, 시집 『나무들이 사는 마을』외.

도라산 평화공원에서

기나긴 목마름으로 휴전선에 선다
바람도 깃을 접고 새들도 입을 다문
열섯의 팔월 도라산 평화공원
작열하는 태양이 마른 입술 다시고 있다
까맣게 타버린 남쪽 어머니들이
떨리는 심장 부둥켜안고 밥상 차린다
반세기 넘어 또 반반세기로 접어드는데
물길과 바람 길 끊기고 총성이 멈춘
인적이 끊겨 인정마저 메말라버린 땅
한 줌 온기로 숨 고르는 한 뼘 마당에
녹슨 철조망으로 이쪽저쪽 편 갈라
사나운 승냥이가 자리하고
순하고 어린 양들이 살아간다
마지막 남은 목숨 이어보겠다고
밥 한 술 나누자며 고축告祝하는 시간
소리 없이 빈 숟가락과 젓가락이 오가고
바람이 멎고 새들이 시늉하며 간다
이 밥 먹고 밥이 되어 이 땅에
어두운 장막 거두어 주소서
밥 한 술 떼어 형제 먹이게 하시고
어깨 드러내어 자매 감싸게 하소서

순함과 사나움이 하나 되어
한 다리 들고 얼씨구 두 손 들어 더덩실
한 무리로 춤추는 날 오게 하소서

하얼빈 역에서

해가 바뀌어도 그때 그 자리
시월의 아홉시 반 바람결이 차갑다
기차가 들어오고 여섯 발의 총성
이어 '꼬레아 우랴' 대한독립만세! 외침
역사驛숍와 동양東洋이 정적에 휩싸였다
삼천리강산 짓밟던 늙은 늑대*는
피 끓는 젊은이 울분鬱憤에 심판 받았다
촘촘한 감시망에도 의연히 거사擧事 이루고
굴하지 않고 동양 평화론을 펼친 기개
구걸하지 말고 떳떳이 가라하신 어머니
남기신 발자국 아직 선명한데
오늘 사는 이들에게 사표師表가 된다
혼탁한 세상에 길잡이 되어
숭고한 정신 고국에 묻히고 싶다 했는데
지금 어디 계신지 바람이 차갑다

* 일본 이토 히로부미

김예숙

시인·시낭송가, 제27회 제부도시인학교 차상, 아태문인협회 회원.

두 바퀴의 삶

뭉게구름처럼 어린 꿈이 몽글몽글 피어나던
초등학교 때 자전거를 배웠다 작은 체구에
아버지 짐자전거를 감당하느라 안간 힘을 써야했다
게걸스런 자갈돌이 깔린 신작로를 달려
곗돈 심부름 몇 번 한 게 전부였다
그 덕에 뒤늦게 라이딩 동호회에 입회하여
강줄기 따라 자전거 전용도로를 시원하게 달린다
구름 한 번 쳐다보지 못하고 달려온 세월
무엇을 위해 열심히 살았을까?
뒤돌아볼 겨를도 없이 페달을 밟았다
페달을 밟지 않으면 넘어질까 봐 쉴 수가 없었다
의무를 다한 지금도 원죄가 있어서일까?
밟던 페달을 멈출 수가 없다
가속도가 붙어서 점점 빨라진다
해야 할 일도 아직 남았고 하고 싶은 것들도 많은데
시간의 브레이크는 말을 듣지 않는다
억울하게 서리 맞은 머리카락 휘날리며
간이역을 지나 종착역을 향해 제2의 질풍노도를 즐긴다
늠름하게 웃으며 종착역에서 내릴 수 있도록
더 늦기 전, 버킷리스트 하나하나 실천을 서둘러야겠다
남아있는 시간이 많지 않으므로…
자전거가 활짝 웃으며 동행하잔다.

옛사랑의 흔적

추억이 떠나간 덕수궁 돌담길, 철없는 은행잎이 솟아오른다
가을이 코끝을 두드리자 넓은 창에 국화가 향기로 피어난다
찻잔에 꽃잎 하나 띄워놓고 깊어진 가을에 사다리를 세운다
화사한 웃음 띤 샤갈의 연인
벨라를 그리며 도시를 떠나 가을 속을 날아본다
높아진 하늘엔 더듬이 구름이 흘러가고
찬바람에 가냘픈 맥상이 흔들린다.
돌 만큼이나 튼튼한 심장인 줄 믿었던
콧대 높은 담장
추억을 켜켜이 쌓은 채
나무 병풍 뒤에 숨어서 눈물 흘린다
겨울 단상 앞에 사라져버린 꽃말도
이별의 아픔 싣고 떠났다
퍼붓는 눈 맞으며 기약 없는 봄을 기다리는
눈 덮인 정동 길

철없이 솟아오른 은행잎, 희망을 노래하며 나른한 몸을 뉘인다.

김유조

국제PEN한국본부 부이사장, 건국대 명예교수 부총장 역임, 문학마을 문학상, 코리안드림문학회장, 소설집·수필집 외.

달빛 갈망

광복80주년의 광휘
찬란하다 수런대지만
분단 75년은 음영이다

전쟁과 분단으로 교직되어온
한반도의 얼룩진 피륙
이제 젊은 직조공들은
알 수 없는 문양으로
미래를 짜내고
늙은이들은 이산의 아픔을
치매로 견디며
망각의 강을 건넌다

오늘은 해마다 찾아오는 뜨거운 광복절
햇살이 그림자를 짙게 드리운다면
달빛은 경계를 모나지 않게 다스리지
해 기울면 이끄는 긴 그림자
둥실 달빛으로나마 지워지기를
음양 조화로 하나 되기를 꿈꾸는
한여름 밤의 꿈

여름 냄새

남행 피난열차에서 처음 맡아 본 복합 냄새
풀 뽑으며 맡던 풀 향기 체취가
구역질을 선동하고
쉰내 나는 묵은 밥 냄새
비릿하게 썩는 삶은 돼지고기의
아껴둔 조바심
준비 안 된 기억들이 지금 역하게 취합된다

가다가 쉬기를 열 차례도 더한 피난열차
갇힌 창틀 속에서 흔들리던 냄새는
쉬었다 새삼 눅진하게 엮여도
사람들은 흐린 눈동자 긴 침묵

전방 참호에서 수화로만 밤샘도 하고
때로 캠퍼스와 광장에서는
최루탄 속에서 입을 다물기도 했지만
그해 피난열차의 복합 침묵은
냄새가 되어 다시 여름을 덥힌다

김윤숭

2011 〈우리시〉 등단, 지리산문학관장, (사)한국문인협회 이사, (사)한국시인협회 이사.

배신의 계절

살을 에는 혹독한 엄동설한의 계절이 오듯
인생의 계절에도 눈보라 찬바람 몰아치는
배신의 계절이 오네

배신자들 속출하는 인생의 노추기에
배신의 계절 보내는구나
한번 배신자는 영원한 배신자네
다시 보지 않으리

인간의 신뢰는
가을바람 부는 고개 위 활엽수 잎처럼 날리네
신뢰를 상실한 인간은 인간성을 상실한 것이지
인간성 없는 인간은 인간적으로
다시 보지 않으리

상하의 나라에는 배신의 계절이 없겠지
상하의 나라를 만들고 살면 되겠지
어찌 만드나
화석연료를 미친 듯이 때서
지구온난화를 가속화하면 되나
온난한 마음씨의 사람들
온난화 지구에서 살고 싶다.

산불진화

산에 나무 심어
숲이 우거져
산림녹화가 달성되듯
삼국시대 천리장성이
국경을 지키듯
천리살수기 시스템
산에 일제히
스프링클러 설치하여
산불예방
산불진화도
자연스럽게 하라
산림녹화는 세계기록유산
산불진화는 세계문화유산
산에 숲이 타지 않게
푸르게 푸르게 우거진 채
시커멓게 타들어간
국민정서도
깔끔히 녹화하게 하라

김은수

한국문협한국문화선양위원회 위원. 은점시문학회 회장. 제1회 황금찬추모문학상,
시선집 『무화과나무 닮았다』 외.

하늘 답장

장미 꺾어 누드베키아로 싸서
편지를 띄운다

햇살에 눈시울 적시며
가만가만 띄우는 얼룩진 사연

저녁녘에 받은 답장에
들뜬 심장을 찌르는 초승달

못다 한 말 말 말
밤새 피고 지는 장미꽃잎

사랑하는 사람아 바다가 붉다
품 내준 너를 비우는 해를 읽는다

개미의 눈

하늘을 이고
땅속에 산다

작은 키
고개 숙여 일하는
날씬한 허리 욕심 없다

낮을수록 더 보고
가난할수록 허허로운
쉬지 않는 몸

넉넉한 하늘
어둠을 밝히는 눈빛
언제나 무덤덤 꽃길만 본다

빛과 그림자는 하나
어둠의 눈에 빛나는 별 하나

김정형
한국문협·현대시협 회원 외, 한국문학특별창작상 외, 송파구청장 표창장.

왕의 꿈

하늘이 있었고 세상이 있었어
사람이 세상에 잠시 왔다가 돌아가는 길

누군가 왕이라는 것을 만들고
궁궐을 지어 천년만년 권세를 꿈꾸던
저 궁궐의 왕은 백 년도 머물지 못하고
어디로 돌아갔는가

세월은 흘러 여행자들이 몰려오고
그 빈자리 구경 자리가 되고 궁궐이 된 나무와
시절 담긴 도구들의 속삭임을 들으며
전설의 고향 그 오솔길을 걷는다

왕을 만든 자 천하를 탐하고
세월마저도 가지려 했던 궁궐을 차려놓고 놀다가
순리의 부름을 받고 돌아갔다

그리고 다음도 그다음도
순리의 손에 이끌려 여행을 떠났다
천세 만세 만만세 왕을 꿈꾸는 자
천년만년 세월을 꿈꾼다

낙원

먼 옛날 낙원을 찾아
별과 별을 이동하다 세상에 잠시 머물게 되다
여긴가 저긴가
풍수지리 땅을 골라 집을 짓고 묘지를 쓰고

세력을 만들고
전쟁을 일으켜 남의 나라를 빼앗고
왕조가 역사의 바람에 소멸하고
무너진 왕궁 죽이고 죽은 사람들 무너진 탐욕

남의 것을 빼앗아
자신의 낙원을 이루려 한 역사와
이루지 못한 낙원은 과욕으로 상실하고
낙원을 상실한 세상에서 낙원은 어디인가

하늘 추종인들에 의하면
영원한 낙원은 천상에 있다는
전설이 전해지고 있다

생명체로 와서 한시적 시간을 부여받고
행성 지구에서 나는 잠시 머물고 있다.

김종상

1960년 《서울신문》신춘문예 동시 당선, 국제PEN 부이사장, 한국시사랑회장, 시집 『신비로운 꽃들의 세계』 외.

수화手話

석굴암의 석가모니 부처님은
오른손은 무릎 위에 올려놓고
왼손은 땅바닥을 가리키고 있다
항마촉지인降魔觸地印이다
사람을 해치는 마귀를 항복시켜
땅바닥에 꿇어 엎드리게 함이다

반가사유상의 두 손을 보면
오른손은 오른쪽 턱을 받치고
왼손은 오른쪽 발목을 잡고 있다
시무외인施無畏印의 수인상이다
내가 안전하게 보호하고 있으니
중생은 두려워하지 말라는 뜻이다

손짓으로 말을 전하는 수화가 있다
항마촉지인이니, 시무외인이니 하는
말을 전하는 부처님 손모양手印은
오늘날 수화手話의 시원으로
부처님께서 처음으로 창안하셨다.

불경 佛經

「욕심 많은 개」가 생선을 물고
다리를 건너 가면서 밑을 보니
물속에도 생선을 문 개가 있어
그걸 탐내어 짖다가 자기 생선도
놓쳐버린 이솝 우화가 있다

또 부모가 나이가 늦게 되면
지게로 져다가 산속에 버린다는
「고려장」이라는 옛날 이야기가
우리의 전래 설화로 전해온다

「욕심 많은 개」는 『본생경』이고
「고려장」은 『기로국경』이다
이런 불경은 8만 4천이나 되는데
이것이 서양에서는 이솝 우화로
동양에서는 민담이나 구전설화로
너무 많이 잘못 알려져 오고 있다.

김지연

중앙대 예술대 문예창작과 졸업, 1967년 매일신문 신춘문예 당선, 월탄문학상 외, 장편소설『생명의 늪』외.

페니실린 과민반응 살인사건

정액의 비교 분석에서 사내의 것에는 알코올 농도만 짙을 뿐 항생제의 성분이 없었고 여자의 것에서만 추출이 되었다. 이는 사내의 정액이 바로 사건 당일 날 채취한 것이 아니기 때문일 터였다. 그러나 그것을 후회하는 데에 시간을 소모할 필요는 없었다. 사내의 직장을 통해서 그 은행의 지정 병원을 찾아냈고 전 직원이 그 병원을 이용한다는 사실을 알아냈던 것이다. 내 예측은 틀리지 않았다. 사내가 사건이 일어난 바로 그날 지정병원에서 페니실린 주사를 시주했음을 확인할 수 있었다. 나는 이어 죽은 여자의 직장인 보험 회사를 찾아갔다. 여자의 딸이 시신을 확인하고 울부짖으며 하던 말 중에 '엄마는 심장병은커녕 어떤 병도 앓은 적이 없고, 감기가 들어도 주사를 맞지 않는다'고 하던 말이 떠올랐기 때문이다. 역시 그 보험사의 지점 병원에서 사원들의 정기검진 결과를 찾을 수 있었고 놀랍게도 죽은 여자는 페니실린 과민반응의 특이체질로 기재되어 있었다. 감기가 들어도 주사를 맞지 않는 이유가 거기에 있었던 것이다. 여자는 사내가 감기예방으로 맞은 페니실린 주사의 잔여 성분을 정액으로 온몸에 전달받고 쇼크를 받아 사망한 것이었다.

― 단편소설『복하사』중에서

서로 응원하며 삽시다

"며칠 전에 오늘 행사 준비로 가족들이 모였는데, 일흔 중반의 제수씨가 '아주버님 팔십이 넘으면 꼭 해야 될 일과 하지 말아야 될 일이 있는데 아십니까요?' 하더군. 모른다고 했더니, 〈살까? 말까?〉 할 때와 〈먹을까? 말까?〉 할 때는 하지 말아야 하고, 〈갈까? 말까?〉 할 때는 꼭 가야 된다고 하더라구요. 제수씨의 말을 요약하면, 팔순을 넘기면 필요 없는 물건은 사지 말고, 소식小食으로 위장을 잘 보호하고, 또 산책이나 운동과 가까운 여행지 등은 필히 가서 참여함을 말하는 것이라 생각되어 고개를 크게 끄덕였지" 그러자 천 노인의 말이 끝나기도 전에 비뇨기과 의원을 운영했던 선우곽건 노인이 손뼉을 치며 박장대소를 했다. "저런, 저런, 뭘 모르시는구먼~ 〈살까 말까〉 할 때의 말라는 것은, 노인이 필요 없는 물건 사지 말라가 아니라 생존 곧 살까 말까로 죽으라는 것이고, 먹을까 말까의 먹지 말라는 것은 적게 먹으라가 아니라, 말까로 굶어 죽으라는 말이고, 갈까 말까에 가라는 것은, 여행이나 운동에 참여하라는 것이 아니라 저승으로 가라는 뜻이거늘… 하하하…"

- 단편소설 『늙은 히포크라테스』 중에서

김진중

제25대 제27대 한국문협 민조시분과 회장 역임, 서대문문협 6~8대 회장, 민조시집 『사촌시편』 외.

꽃조선 아라리
― 민족대표 33인 및 3.1독립운동 희생선열 영전에

기미년 3월1일 고종황제 인산因山 전에
탑골공원 골골부터 방방곡곡 땅끝까지
물결중에 으뜸 고운 태극기 꽃물결에
소리 중에 젤 반가운 대한독립 만세라니!

열불처럼 끓었나니 꽃불처럼 피었나니
들불처럼 일었거니 산불처럼 번졌거니
목 터져라 불렀나니 피 토하게 외쳤나니
경천동지驚天動地 배달겨레 한 몸 되어 울었나니

이에 조선은 독립국임과 조선인이 자유인임을
이로서 인간 세상의 큰 옳음을 밝혀 두고
이러매 자손만대에 이르기까지 겨레의 높은 마음길
환하게 열어 길이길이 이어 나가리라고

서른 셋 어른님들 드밝힌 횃불아래
높은 자 낮은 자도 없이 늙은이 젊은이도 없이
아낙이나 조무래기 아이들까지도 함께 얼려 뜀뛰었던
2천만 겨레의 하나된 만세교향곡!

누가 시키지 않았어도

누가 불러내지 않았어도
스스로 5천년 배달겨레의 자존을 위해
스스롭게 3천리 강역의 존엄을 위해

그 만세소리 하늘을 날아
밤하늘 무수한 별빛으로 빛나고
그 별빛 한 가운데로 흘러
부신 흰강물 은하銀河를 이뤘네

님들의 청아한 그 눈빛은 오늘밤에도
밤새 계명성이 되어 이나라를 굽어살피시고
그날의 함성소리는 7천만 가슴가슴마다
꽃조선 아라리 붉은피톨로 뛰게 하나니

선열하! 님들의 불꽃같은 눈동자로
이 나라 대한민국을 지켜주소서
나라사랑 겨레사랑 님들의 강철같은 기백으로
이 후손들을 이끌어주소서.

김찬해

시인·수필가, 하유상문학상 본상 외, 아태문인협회 부회장, 다물운동본부 지도위원, 시집 『숲속의 울림을 풀다』

사도 광산 잊지 말아요

후손들이여
그대들은 알고, 잊지 않고 있는가?
일제강점기 그 아픔의 역사를

캄캄한
지하 암반 깨는 소리에
묻혀간 그 울음소리와 절규를

한 맺힌 원한
위로받을 수 있는 그날까지 후손은
절대 잊지 말아야 한다.

파도로 대변하는 절규
지진과 같이 분노가 용출되어도 끝까지
반성 없이 숨기려 하는 의도

깨어나라
민족의 역사를 잊지 않고 바로 알아야
일등 국민이 될 수 있다.

누가 저 꽃을

이름 없이
보살핌 받지 못하고 핀 저 풀꽃
누가 저 꽃을 봐 주고
행여 꺾지나 않을까
걱정 아닌 걱정을 한다

허공과 같은
저 넓은 들판에 홀로 피워도
티 없이 굳은 신념 웃으며 피는 꽃
그 암울한 시절 광복을 위한 희망의 빛
한결같은 소망이 아니었을까

한 생의 삶
대가 없이 조국과 후손을 위해 과감히
불사르고 떠난 선인
그 독립군이
지금 내가 바라보는 꽃은 아닐까?

김춘자

은점시문학회 회원, 한국신문예문학회 회원, 《내비게이션》 시동인 총무.

같이 가는 길

같이 가는
두 사람 아름답다

굽은 허리 세워서
하늘만 쳐다본다
지팡이 의지한 손
땅만 바라본다

허공에서 마주 잡은 손

각자의 길 걸어온 두 사람
벗이란 이름으로
황혼길을 걷는다

등

빛을 발하는
등속의 소원은
누구를 위한 걸까

가슴속에 묻어둔
드러나지 않은 바램을
들여다보는 밤

당신의 위로에 켜진
작은 불씨로 등이
따뜻해진다

김태룡

경북 청도 출생, 1988-1993부천대학 겸인 교수 역임, 16회한국농민문학상 본상, 3회단국문학상, 1회부원문예사조상 외.

동행의 길
- 또 다른 연륜을 바라보며

돈키호테의 상판
해학적이다 못해
미각의 유혹
순수성 하나만은
지조가 높았다
천하일품의 걸작으로 남아있었다
긴 회랑에서 번지는
환한 웃음꽃이
가을 향기 재촉하며
가슴 한곳 겹의 파장
긴 여운으로 남아있었다.

유혹의 기다림
– 어떤 그림자

밤마다 행운을
기다리는 속성
한판 승부의 망령들
허상의 영혼들이
난맥의 기류를 탄다
공자의 가르침보다
위대한 성
황금빛 햇살
나의 무거운 어깨를
가볍게 토닥여주는
가설의 텅 빈 무대 위에서
사유의 미소가
열정에 흐느끼는
녹색환희의 꿈이
피사체의 유물로 남아
생존의 본질을 쫓고 있었다.

김태형

시인·문화평론가, 제10회 월파문학상본상(평론) 외, 제10회 신문예문학상대상(시), 저서 『윤치호 선배를 기리며』 외.

광복 80주년에 생각나는 사람 1
– 나비의 꿈을 품은 소년

황해도 두메산골
엄마 꿈결에 용이 내려와 승용承龍이라 불린 아이

다섯 살 작은 입술로 천자문을 외우더니 일곱 살 맑은 눈동자엔 시가 피어나 자연의 이치와 우주의 신비함이 보였는지 〈바람은 손이 없는데도 나무를 흔들고/ 달은 발이 없는데도 하늘을 건너간다〉

붓 잡은 어린 손, 손가락은 굳어가도
날마다 익어가는 정교한 붓글씨에 훈장도 놀라 했지!

정원을 누비며 나비를 찾아 수백 번 나비를 그려 별명은 李 나비가 되었고 훗날엔 붓끝에 정성을 담아 엽서 대신 한 폭의 그림으로 애틋한 정을 전했네

음악에도 남다른 열정을 품어 독립문 세워지던 날, 〈독립가〉를 지어 부르고 머나먼 망명지에선 조국 그리워 아리랑, 도라지 타령으로 시름을 달랬지

나비의 꿈을 좇던 승용!
광복 80주년, 그 아름다운 소년을 다시 기억한다

광복 80주년에 생각나는 사람 2
- 자유와 통일을 외친 불굴의 노인

신탁통치의 굴레를 거부하며
반공포로 석방으로 세계를 놀라게 한
그 결연한 의지

휴전협정에 맞서 통일을 외치며
한국군 단독으로 38선을 돌파한
그 불굴의 의지

1954년 워싱턴 공항에서
워싱턴 겁쟁이들로 인해 한국이 통일되지 못했다고
공산주의의 위세만 높여주었다고
닉슨 부통령 앞에서 쏟아낸 79세 노인의
그 격렬한 분노

자유와 공산주의는 함께할 수 없다며
공산주의는 콜레라처럼 박멸해야 한다며
자유를 누리려는 이는 많아도

자유를 위해 목숨 바쳐 싸우는 이 찾을 수 없어
좌우에서 날아오는 화살, 홀로 막던 노구의 어깨엔
자유와 통일의 염원만이 끝내 남아 있었다
광복 80주년, 의인 우남을 기리며

김태환

박사과정·명리철학원장, 충남중등교 교감 명퇴, 문교부장관상 표창 외, 스카우트연맹 교수회.

광복 傘壽라

백두에서 한라까지
묘향, 구월, 금강, 삼각, 계룡, 태백
지리가 하나 되어 금수강산을 이룬다

두만, 압록, 대동, 용진,
소양, 한수, 비단, 낙동, 섬진이 만나
동해와 서해 그리고 남해로 이어진다

사랑하는 나의 조국
영원한 나의 조국이여!
무궁 융창하길

어느덧 광복 산수傘壽
팔순八旬의 나이
이제는 고단한 몸 가누며
함께 보듬고 미래로 세계로 도약하자

내 사랑 나의 조국

헤겔은 역易의 원리에서 성하면 쇠한다 했다

광복 八旬을 마주하며
우리 국방력이 세계 6위라 하지만
언제 이렇게 온 나라가 붉게 물들었는지

보국충정호국영령 魂불로 지켜온 산하인데
지킴이 되어 영원 무궁보전하길

이 땅을 더 이상 한 치도 붉은 승냥이에게 넘길 수 없나니
아서라!
하던 짓 에서 멈추길…

김하영

시인·명예문학박사, 국제펜이사, 제24회 영랑문학상 외. 시집 『보리밭 바람에 일렁이며』 외 4권,

광복 80주년에 즈음하여

광복 80주년 온 세상 무궁화 꽃이 피었습니다
그날의 역사가 피어난다
36년 동안 일제의 식민치하에서 우리가 지은 농사
쌀과 구리로 된 철과 물건을 빼앗아갔다
우리의 성씨도 개명하여 일본어로 부르도록 개명하였다
애국지사들은 조국의 독립을 위하여 자기 몸 희생하며
조국의 광복을 부르짖었다
1945년 8월15일 드디어 광복을 되찾았다
대한독립만세 부르며 삼천리금수강산 울려 퍼져
대한독립만세 나 어릴 적 윤봉길의사 충남 예산군 덕산면
시량리에서 출생하여 일본사람들이 우리 국민을 괴롭혀
돈이 되는 물건을 강탈하여 이를 본 윤봉길의사
1932년 4월29일 중국 상하이 홍구공원 천장절 행사에
도시락으로 만든 수류탄 던져 사무라이 일본 백천대장 등
8명이 현장에서 즉사 30명 중상자 발생
대한독립 만세 부르며 일본 헌병에 체포되어
그해 1932년 12월 21일 일본 육군 공병장에서 23세 나이로
순국했다 애국지사들이 있었기에 조국 광복을 맞이하였다

아버지의 광산

해방되고 아버지는 청양산 험한 산길
금광 캐러 여러 사람하고 동행한 험한 산
기거할 움막 짓고 무거운 장비 걸머지고
산을 오른다 금맥을 찾아 땅속 바위 깨며
돌 속 노란 금맥 찾아 산으로 들어가셨다
수십 년 세월 지나도 뚜렷한 사업 희망도
희미해지고 인부들의 임금이며 일은 고달프고
한숨만 나온다 산은 사람들의 마음 외면 한 채
날로 힘든 노동 캄캄한 굴속에서 머리 위 랜턴이
길잡이 역할 때에 따라서 낮인지 밤인지
굴속의 작업은 고된 육체노동이다 차디찬
보리밥 주식이다 간장 된장 밑반찬 물은 굴속
흘러나온 물을 식수로 사용, 세월이 흘러가니
금맥은 보이지 않고 노동자들의 임금 주려니
소득은 없고 빚만 늘어나 희망도 안 보이고
집에 있는 많은 전답 팔아 정리하고 실패로 인해
빚 정리하니 남은 것은 빈껍데기 고행을 감내하며
포기한 상태에서 상실의 삶 살아가며 가족한테도
씻을 수 없는 고통주고 떠나 가버린 아버지의 광산

김행숙

한국문협문학관 건립위원, 한국현대시인협회 이사, 한국여성문학인회 이사, 시집 『신의 부스러기』 외.

초승달이 기웃거린다

잎사귀 다 진 감나무
주홍빛이 반짝 빛난다
까치밥으로 남긴 것인가

대기는 겉옷을 벗어버리고
이제 속내를 드러내려는가
창가 기웃거리는 초승달

나의 시간들은 어느새 비껴가고
비 뿌리고 나면 휑뎅그렁한 바람결
주름진 영혼이 얼핏 보이기도 한다

하늘은 투명하고 맑아서
올올한 저녁 빛이 차고 단단하다.

절명絶命의 시

내 마음은
추수 끝낸 가을 들녘이다
낙엽 몇 잎 날리는 황량한 언덕
마른 풀꽃이다

무한허공
안식처도 없이 헤매는
철새의 울음이다

흰 종이 한 장에
평생 걸려 쓰고 싶은 것은
하늘의 계시인 듯
깊고 낮게 떨리는 말씀

절명의 시
한 구절이다.

김현숙

한올문학가협회 사무차장. 황금찬문학상 본상, 중앙대문인회 이사, 시집 『에로스』 외.

문득문득

맛있는 걸 먹을 때도 문득 생각이 나고
좋은 옷을 볼 때도 생각이 나고
멋진 풍경을 볼 때도 생각이 난다
그래서 맘이 뭉클해지고
목젖이 울컥해지는 순간을 지울 수가 없다
그 기억들이 모여서
나의 삶의 모퉁이에
너의 자리를 만들어 놓고
꽃을 가꾸듯이 사랑의 물을 뿌려준다
그러면 너는 튼실하게 자라나고
아름다운 꽃을 피워서
사람들에게 향기를 주고
나에겐 기쁨이 되어 주었다
보이는 곳에서도
보이지 않는 곳에서도
누군가에게 생각이 나게 하는 사람은
문득 그리움이 되어
내 삶의 한 페이지를 넘긴다

정情

보고픈 건 정 때문이었을까?
비가 내리면 울적하고
눈이 내리면 보고픈 것은
그 시답잖은 미련 때문인지도 몰라
진달래가 피는 봄날이면
뒷동산에서 뛰어놀던 친구가 그립고
기차가 지나가는 철길에
아지랑이가 피어오르면
금계국처럼 환하게 웃던
엄마의 모습이 떠올랐다
철새 울며 날아가는
먼 하늘에
정이라는 글자 하나를
덧없이 그려 넣는다
흘러가던 구름이 웃는다
얼어붙은 가슴이 눈처럼 녹아내린다

김호운

소설가·수필가, (현)한국문인협회 이사장, 펜문학상·녹색문학상 외, 장편소설 『사라예보의 장미』 외 30여 권.

변하는 나무, 변하지 않는 언어

우리가 나무를 보고 '나무'라고 하지만 나무는 자신을 나무라고 하지 않는다. 내가 하는 언어를 나무가 알 수 없듯이 나무가 하는 언어를 내가 알아듣지 못한다. 그러면서 나는 지금까지 내 언어로 나무를 기록했다. 나무는 계속 변하고 있다. 오늘 본 나무는 어제의 그 나무가 아니다. 변하지 않은 내 언어로 변하는 나무를 보면서 그냥 늘 '나무'라고만 한다. 나는 내 언어로 사건을 바라보고 내 언어로 기사를 썼다 그 '사건'의 언어는 내 언어를 이해하지 못하며 나 또한 그 '사건'의 언어를 알지 못한다. 일기를 쓰면서 나는 이전의 내 언어를 해체하고 나무의 언어로 나무에 대해 기록하고, 사건의 언어로 사건을 기록했다. 모든 존재에 대하여 사물과 사건의 언어로 기록하는 것이다. 무슨 목적으로 그런 일기를 쓰느냐고? 목적? 그런 건 나도 모른다. 단지 누군가에게 내가 아는 진실을 알리고 싶을 뿐이다 그들은 내 언어로 나를 이해하지 않고 자신들의 언어로 나를 해독한다. 나는 이 모순을 바로잡으려 할 뿐이다. 이 일기를 쓴 이후부터 나는 구토를 하지 않았다. 기사를 쓸 때도 타이핑한 글자가 쏟아지는 일이 일어나지 않았다.

— 단편소설 『바람이 된 섬』 중에서

엽전을 붙들고 있는 철삿줄

순천 송광사를 찾는 사람들은 극락교極樂橋와 능허교凌虛橋를 건넌다. 무지개 모양으로 쌓아 올린 이 두 돌다리 위에는 팔작지붕을 한 화려한 회랑回廊이 세워져 있다. 극락교에는 청량각淸凉閣 능허교에는 우화각羽化閣이다. 청량각은 일주문 밖에, 우화각은 일주문 안에 있다. 마음을 맑게 씻고(淸凉) 일주문을 들어가면 한 마리 나비가 되어(羽化) 자유로이 허공을 날아오른다.
"소는 제 살길을 알아서 찾아요. 그렇게 고삐를 하지 않고 자유롭게 놓아기르면 소다운 소가 됩니다. 줄을 놓으면 길이 보이지요"라고 하던 승찬僧讚 스님의 말을 곱씹고 있다. 줄을 놓으면 길이 보인다. 그는 엽전을 매달고 있는 철삿줄을 바라보았다. 자기 몸이 삭아 부서질 때까지 엽전을 붙들고 있는 저 철삿줄. 그는 정신이 번쩍 들었다. 엽전을 보라는 게 아니라 질긴 인연을 끊지 못하는 저 철삿줄의 허망을 보라는 것이다. 철삿줄은 엽전을 붙잡고 있는 게 아니라 엽전에 붙잡혀 있다. 그래서 이 다리가 능허교며, 그 위에 우화각을 올렸다. 엽전은 인연의 그림자일 뿐이다. 그림자에 붙들려 있는 이 질긴 인연을 끊어야 허공을 건너는(凌虛) 한 마리 나비가 된다(羽化).

— 단편소설 『나비바늘꽃』 중에서

김후란
《문학의집서울》 이사장, 제25회 공초문학상 수상 외, 시집 『그 섬에 가고 싶다』 외 다수.

겨레의 큰 별, 안중근 의사님
- 3월 26일 순국일에 바치는 시

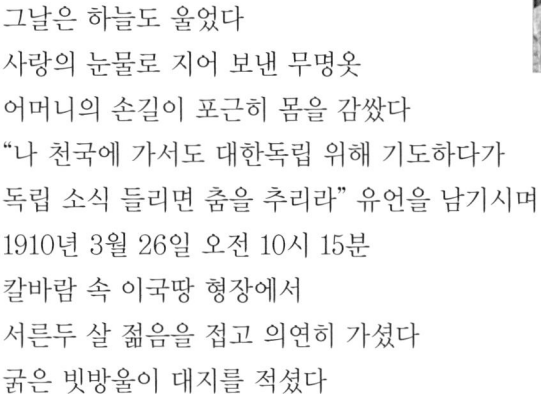

그날은 하늘도 울었다
사랑의 눈물로 지어 보낸 무명옷
어머니의 손길이 포근히 몸을 감쌌다
"나 천국에 가서도 대한독립 위해 기도하다가
독립 소식 들리면 춤을 추리라" 유언을 남기시며
1910년 3월 26일 오전 10시 15분
칼바람 속 이국땅 형장에서
서른두 살 젊음을 접고 의연히 가셨다
굵은 빗방울이 대지를 적셨다

〈나는 대한민국 의병 중장
이번 거사는 개인 원한이 아니라
침탈의 수장을 쓰러뜨린 것이요
짓밟힌 국권회복을 위하여
조국의 독립을 위하여
동양평화를 위하여
조국의 이름으로 불의不義를 쏘았노라〉

아프다 무모하게 오천 년 역사 꺾으려
진흙발 들이민 자 누구인가
흰옷 입은 순한 백성의 손에

정의의 권총 들게 한 자 누구인가
검은 탐심 쓰러뜨리고
꼬레아 우라! 꼬레아 우라!
대한만세 외치며 순국의 사슬 받으시니
일순 하얼빈 역이 얼어붙었다
피 끓는 독립 투지 천지에 요동쳤다

다섯 달 여순감옥은 너무 어두워라
바닷속 깊은 신앙으로
죽음 앞에 초연히 붓을 들어
자서전과 동양평화론 집필하시니
한 올 흐트러짐 없는 기상과 절개
영원히 꺼지지 않는 빛이 되고 별이 되셨다

그 충정 온 겨레 가슴에 살아계신 별
이제 그토록 열망하신 뜻대로
굳건한 산맥으로 일어선 조국
힘있게 발전하는 이 나라를 보소서
기뻐하소서 안중근 의사님
천국에서 기뻐하소서

김희경

2025 반년간지《은점시학당》시 부문 등단, 대구'진천동 시창작 아카데미'수료, 〈심천아카데미〉 동인.

눈부신 오월

게으름을 피울 수 없고
늦잠을 잘 수가 없다
온실 덤블 위에 앉아 있다가

꽃불 켜는 너
별을 부르고 향기를 담고
꿀벌은 끊임없는 봄을 나른다

벚꽃 아래 속삭인 약속
장미꽃을 기다리는 공원
아카시아꽃이 더해주는 향기는

늘 내 안에 사는
오월의 향수에 젖어
나는 일어선다

빈자리의 춤

아무 생각 없이
보일 듯 말 듯 흔들린다

한쪽으로 치우친
짙은 바람 따라
철새는 날개를 접는다
멀리 못 가고 그 자리

치마 끝에 매달린 바람
무엇으로 채울까
까마귀 날아간
빈 하늘만 남고

물비늘처럼 번쩍이는
깃발 같은 기억들
스치는 바람에 춤추는
빈자리의 치맛자락

사연을 담아도
끝내 떠나는 건 바람

류영환

충남 홍성, 2016년 대한민국예술인협회《청일문학》시 등단, 저서『나도 바람이고 싶다』외.

말의 끝에서 시작된다

생각은 말로 피어나고
말은 행동으로 이어진다

모든 것은
말의 끝에서 시작된다

말의 끝은
자기 미래의 삶에 씨앗이 되어
희망의 싹을 틔운다

마음이 원하는 것과
보고 싶은 사람을 만나는 것

그것이 바로
행복한 인생이다

옹달샘

작지만, 큰 힘 연금의 사랑
자식보다 더 깊은 그 마음

누구의 눈치도 보지 않고
삶을 내 힘으로 살아가게 하는
유일한 무기

돈 들어오는 날 괜스레 우쭐
친구와의 술잔 자랑과 웃음
하지만 카드 긁고 나면
통장 잔액에 숨이 막히는 순간

연금은 단순한 돈이 아니다
늙은이의 생명이고 존엄의 상징
세상의 눈치 없이 살아갈 수 있는
최소한 나의 버팀목

세상 모든 것을 가진 자보다
여유가 있는 삶 위축되지 않고
진정한 사람으로 살아가게 해주는
나의 생명수 옹달샘

민용태

1968 〈창작과 비평〉 등단, 2002 '한국시인상', 2016 'Mihai Eminescu 세계시인상', 저서 『파도가 바다에게』 외.

하루 하루 참 좋은 날*

땅거미와 함께 개천이 반딧불에 불을 켠다
반딧불은 손에 잡아도 좋은 하루
작고 밝게, 빈 뜰을 누비는
어린아이 손바닥의 꿈과 꿀

반딧불이는 물 개울 바다 다슬기를 먹고 산다
다슬기 슬기는 작은 빛과 등
반딧불이는 하루 하늘의 연금술사
땅거미 거미줄 아파트에 반딧불 켜진다

* 운문선사(864-949, 당나라)의 정원 초 선시 : 日日是好日

해바라기

우리 헤어지듯 만나요
헤어 샵에서 머리 자르고 나오듯
산뜻하게, 헤어지듯
블라우스가 해진다고 포옹이 안 되나요?
해 지면 어둠이 더욱 아늑하죠
만나도 안 만나도 노을이 붉어요
우리 카쓰에는 애도 울지 않아요
달 없어도 가로수 가랑잎으로 충분하죠
비 온다고 울 필요는 없어요
내일은 눈이니까
눈 온다고 눈사람 눈을 파면 안 돼요
눈에는 솔방울
눈물방울은 안 돼요

박기임

한국기독교시인협회 회원, 월파문학상 외, 시집 『내 사랑 영원히』

가을이 찾아오는데

땅에는
귀두라미 등에 업혀오고
하늘에는
새털구름 타고 온다

가을이 자리 잡을 때
닫혔던 마음의 빗장
열리는 순간
풀벌레 소리 들려오고
나풀거리는 소슬바람
가슴을 흔들어 놓는다

붉게 타오르는 산마루
마음도 따라 물들어
입가에 흐뭇한 미소를 매달고
가을 향기에
몸과 마음이 취한다

숲길

잔잔한 오케스트라
울려 퍼지고
비스듬히 누워있는 산마루에
하늘을 푸르름으로 덮은 길

마음의 지든 때 벗겨주고
푸르름이 시샘이나 하듯
온몸을 감싸고
상큼한 공기로 몸을 씻어주는 길

연둣빛이 초록이 되어
싱그러움에 꿈도 잠을 깨고
숲길이 희망을 색칠하는 길

저마다 뽐내며 일어서는 풀잎
사랑을 가슴에 안고
삶에 향기가 나는 길

박길동

시인·수필가·심리상담사, 한국문협·국제펜·신문예 회원, 인사동시협부회장, 제11회 에스프리문학상 본상 외, 시집 『밤나무집 도령』

님의 향기

고운
향기가 물신 풍깁니다

온갖 꽃향기뿐만 아니라
솔松향을 비롯해서 지초에서 우러나오는
당신의 향 내음, 향기가 풍겨
내 마음을 황홀케 합니다

아침에 풍기는 향기는 은은하며
고요한 향기가 나고
한낮에는 따끈따끈한
정열의 향기가 풍기고 있어요

저녁엔 솔솔 바람타고 '말리까' 향이
밀려와 가슴속으로 스며드네요
별이 빛나는 밤엔 감미로운 라일락꽃
짙은 향기가
품속으로 품어 들어오고 있어요

당신의 고운 향기는 날이면 날마다
시시각각 계절에 따라 그때 그때에

알맞은 향기 향 내음이
내 마음을 사로잡는 묘약입니다

이렇게 한 순간도 쉼 없이 뿌릴 수 있는
향기는
오직 꽃 중에 꽃, 제일 아름다운 꽃
'마음꽃'에서
풍기는 人香이 쉴새 없이 뿜어져 나오기 때문입니다

人香! 萬里라 했지요.
가장 아름다운 꽃, '마음 꽃'에서
풍기는 香氣는 이 세상에서 제일 고운
향기 人香입니다

오늘도 당신의 고귀한 고운향기가
변함없이 풍기고 있어요
그 향기
萬里를 가득 채우고 있습니다

   * 2022년 4월 28일 충무공 이순신 탄신일에 충무공을 추모하며
  ** 말리까 향기: 말리화茉莉花(자스민 화원에서), 善行한 사람(말리까 왕비)의
     마음 香氣에 비유함.

박두익

한맥문학가협회 이사, 사)사회정의실현시민연대 대표, 시집 『사실문학』

시인의 세계

시인은 관운도 없고
재운財運도 없어
세속적으로 성공하지 못했다

그러나 시인의 세계는
시간과 공간을 초월하여
여기저기 무한대로 뻗어갈 수 있다

과거 현재 미래로
군위에서 대구로 서울로 세계로
주욱주욱 펼쳐가는 시의 영역

젊은 시절에 시 습작을 하곤 했는데
뒤늦게 '한맥문학'에 등단하여
급행열차를 타서 연재시인을 거쳐 초대시인이 되었구나

나의 시를 읽은 독자가
김소월의 시와 같이 쉽게 읽혀져 심금을 울려
이보다 더 즐거운 일이 있느냐고 하네

신문에 보도된 시를 프린트하여

주위에 나누어 주니
반응이 가지각색이어서 보람을 느낀다

망각의 미덕

대구 동화사 가는 길목 도학동에서
행정고시 공부하던 시절
고시촌 개울 건너 도토리나무에
다람쥐가 월동준비 하려고
양쪽 볼에 도토리를 물고
오르락내리락 하는데
옆방 동료 수험생들과 그 다람쥐를 잡아 보려고
나무 주변에 몇 번이나 보자기를 깔아 보았는데
다람쥐의 건망증이 극도로 심해서
계속 올라와 내려다보니 보자기가 깔리길래
다른 방향으로 날라 생포하지 못했다

다람쥐는 도토리를 땅속에 묻어 두고 잊어버려
그 덕분에 싹이 나서
상수리 나무숲을 이룬다고 한다
우리네 인생사도 지난날의 실수와 실패의 쓴잔
모든 것을 일시에 잊어버리고
유쾌하고 즐겁게 살자

박민정

한국신문예문학회 이사, 한국문협70년사 편집위원, 황진이문학상 본상 외, 시집 『기억 속에 피는 꽃』 외.

광복의 아침을 기리며

산천 푸른 초목이 동토가 되어
숨죽인 검은 하늘로 펼쳐졌다
방방곡곡 태극이 찢기고 말마저 묶였을 때
어느 어머니는 눈물로 아이를 안았고
어느 아버지는 이름 없이 쓰러졌다

달빛도 몰래 울던 밤
순국열사들의 피와 땀이 강이 되어 흘렀다
나라 잃은 백성들의 절규가
높은 기와지붕과 낮은 초가삼간
깊은 산골짜기까지 번졌다

1945년 8월 15일 대한독립 만세
태양보다 먼저 깨어난 환희의 노랫소리
찬란한 함성이 새벽을 찢고
잃었던 주권이 백성의 가슴에 되살아났다

우리의 조국 대한민국
그날의 외침 위에 오늘을 세운다
자유를 지키는 손과 정의를 품은 마음으로
그들의 희생을 마음 깊이 되새긴다

습작 속의 명작

명작을 그리고픈 마음에
백지에 하늘 한 조각 떼어다 붙여 놓고
채색한다
하늘과 별과 달이 있는
풍경 속에서 행복한 여인
허름했던 삶까지 다시 살아나는
공들여 그린 세월
부자도 빈자도 고귀하게 살 권리 있기에
다시 구름 한 조각 붙이니
떠나갔던 내 사랑
빛나는 작품으로 돌아와 있다

박성철

1978년 '현대시학' 등단. 한국문인협회(영주문협.도봉문협)회원. 경북문학상경희문학상 외, 시집 『억새풀 산조』 외.

한계령을 넘는 구름아

네가 나를 따라 넘느냐
내가 너를 따라 왔느냐

한계령 신선바위들을 품에 안아주고
비 잠시 흐느끼다 떠나가는 너를 보고
지난날엔 널 무심하다 했구나
널 허무하다 했다만

나도 한 조각 부운浮雲 같구나
내 일생이 네 모습 같구나

너와 함께 설악에 왔다가 말이야.

가을 시첩詩帖

대롱대롱 달린 갈잎파리
떨구는 이슬 차가워라
노을 비낀 강江 내려놓고
물수리 떼 울며 높이 뜬다

푸른 천공에 사라진 건 무어냐
마음 켜켜이 구름이었던
덧없는 생애 하나
사무친 그리움들 꿰어
들국화 향기로 맺혔더냐

과포밭이 눈을 묻었구나
추운 밤안개 흐느끼며
빈 가지에 걸어놓은 눈물이
설화雪花를 여네
잠 못 들어 늦은 만월을
긴 소매로 가려 보니
지난 세월 접어둔 꿈들이
뭇 별을 수繡놓았네.

박숙자

한국문인협회 이사, 동작문인협회 부회장, (주)원원메인터넌스 대표이사, 시집 『봄 한바구니 사들고』

동해시 라벤더 축제

전원에서 들려오는 이야기가
차창에 스쳐와
희망과 설렘을 안겨주고
한편의 시가 되어
가슴으로 스며든다

정선에서 동해시로 가는 길은
위험한 코스였지만
넓고 깊은 산야에 펼쳐지는
라벤더 축제에 도착하니
가슴이 뻥 뚫린다

향기 따라 마법의 양탄자를 타니
초록과 보라색 물결은 춤추고
나의 마음도 함께
하늘을 두둥실 날아
신비한 세상으로 여행을 떠난다

고단한 삶일지라도
동화 같은 세상에서 다 함께
행복한 삶이 되기를 소망한다.

포항 죽도시장

수많은 물고기들이 숨을 헐떡이고
작은 어항에서
미끄러지듯 꼬리를 흔들며
유영하고 있다

푸른 바다가 통채로 담겨 있는 어항
바다에서 살고픈 데 누가 여기에
놀래미, 방어, 우럭, 멍게 등 가두었는가

불안과 초조로
자유가 없는 세상에서
끝없이 눈물 흘리고 있다

삶이란 누구에게나
기쁨과 환희만 있는 게 아니라
슬픔도 있다

남은 생이 얼마 남지 않았기에
미련으로 애잔한 삶
더 소중히 간직해야할 이 시간
바다의 그리움 간직한 채 생을 마감한다.

박순자

시인·수필가, 한국문협·전북문협 회원, 육필문학 단테문학대상, 시집-『한밤의 고독한 연주』 외.

독립군과 광복절

일제의 통치하에 두만강은 목숨건 길
힘겹고 어려움을 견디며 마을 이루고
민족혼 일깨우는 교육 자주정신 키웠다

북간도 3.13 만세운동 집결 태극 깃발
독립을 외치면서 행렬 따라 북돋은 힘
도화선 창설부대 조직 투지력을 다졌다

홍범도 연합부대 뛰어난 전술 앞에
봉오동 전투도 청산리 전투에서도
일본군 참패를 기록한 독립군의 승전으로

한마음 순국열사 민초들과 불태웠던
애국정신 역사 앞에 자유이념 되새기는
광복절 국권수호 태극기 의미 깊은 계승이다

민족사 진실규명

암울한 노역의 섬 수십 길 해저터널
굴욕감 삼켜가며 휘몰린 두더지의 삶
우리말 숨죽이는 가슴 초로인생 되었다

조선인 수용시설 짠바람에 허기진 채
껴입힌 상처마다 깊은 밤은 절규소리로
고향땅 옷자락 눈물 화석으로 굳어갔다

징용자 해방의 날 귀국선 폭음 속에
수형참사 비밀꼼수 세월지고 사라지면
민족사 광복 80년 세월 진실규명 수장된다

빼앗긴 슬픈 영혼 비목 없이 파도칠 때
민족얼 묻어버릴 그들만의 왜곡인데
군함도 세계문화유산 등재 역사이탈 바로잡자

박영곤

한국문인협회 회원, 한국신문예문학회 회장, 강진문학상 대상 외, 시집 『바람은 추억을 타고』외.

망월동

진리가 허위에 내몰리면
고인 물이 썩고
지진 난 땅이 되지만
참을 세워라!
그리하면

상식의 모서리 천만번 껴안고
피의 역사 되새긴
그날의 눈물이
드높은 보름 달빛에 반사되어
도도히 흐르는 민주의 강江이다

소각중燒却中

고인과의 마지막 인사
한 시간쯤 지났을까
주머니 없는 옷 입고 입실했던 그가
한줌의 재가 되어 상주의 양손에 안긴다

어두운 침묵이
무겁게 흐른다

분향과 국화향이 고요히 젖는데
상주와 문상객의 눈시울이 젖는데
아이스크림 먹으며 컴퓨터 게임을 즐기는 손자들

어찌하랴
머지않아 너와 나도
가야 할 길

박영애

행정학박사·철학박사·방송인·시인·아동문학가, 한국문인협회상벌위원장, ERICA한양대인문학출강(특임교수).

나는 잘못 살아온 걸까

정직은 느렸지만
내 마음의 등불이었다
죄엔 벌이 따른다는
말을 믿고 걸어왔다

따뜻한 말 한마디가
사람을 살린다 여겼고
인간다움이 인간을 지킨다 믿었다

그러나 세상은 모든 걸 비웃는다
거짓이 이기고 진실은 짓밟힌다
나는 누구였나
그 삶은 헛된 고집이었나

양심을 벗고 살라는
속삭임 앞에 흔들리자
"그건 네가 아냐"
내 안의 진심이 운다

눈물 속 마음 등불 하나가
그 빛을 지키고 싶어한다.

가난한 듯, 가장 따뜻하게

고요한 오후
창가에 앉아 나를 돌아본다

친구는 말한다
"돈 되는 일을 해
봉사니 뭐니 이젠 그만하고
유전무죄, 무전유죄 모르니?"

그 말이 마음을 흔들어 놓는다
나는 정말 세상에 뒤처진 걸까
하지만 내 곁엔
기꺼이 나누는 사람들이
자신의 것을 내어주며
더 많이 웃는다

그들과 나누는 하루가
돈보다 값지기에
비록 가진 건 적어도
따뜻한 사람들로 인해 행복하다.

박용유
장산스님, 시인·수필가, 신문예문학회 자문위원, 저서 『걷는 곳마다 마음 꽃이 피었네』 외.

나이 먹다

온 국민이 떡국을 먹는 날이매

나이도 공평하게 먹을 수 있으리

아마 나이 먹는 것 불공평하면

염라왕도 탄핵받을 것이리라

에밀레종

고국古國 계림에
슬퍼도 너무 슬픈 이야기
천년 동안이나 품고
참아서 더 슬픈
말 못할 이야기가 있습니다.

잊혀진 왕국
다시 살아난 그 울림
만년 보고 안고 갈
숨겨진 울음소리가 있습니다.

바라보면
너무나 슬픈 이야기들
산천에 떠돌다가
하늘을 가르고
은하수를 지납니다.

박원규

경북 안동 출생, 반년간지 《은점시학당》 시부분 등단, 은점시학당 부회장, 고운시 동인회장.

개망초 편지

이슬로 봉해서
바람결에
떠난 사람 찾는다

흔들리며 달려가던
못다 한 사연
우체통에 숨기고

떠난 사람
갈바람에 실려와
옛 사연 풀어놓는다

온몸으로 쓴
답장을 읽는다
시월에 부르는
개망초 사랑 애기

화사火寺의 밤

검게 탄
고운 보살
쉴 곳은 어디

타닥 탁탁
노송 옆구리
딱따구리 염불 소리

구름은
아무 일 없는 듯

속살 터진 범종
솔가지 사이로
불비 눈물 흘린다

집 잃은 딱따구리
등운산 이불 덮고
목탁 치는 밤

박종대
시인·영문번역자, 아태문협·광주시협 회원, 인류문학 시 부분 최고상, 시집 『그래서 나랑 너랑』 외.

그림 한 점

텅 빈 공간 점 하나 찍고
그리려는 그림
멀고도 긴 고달픈
통일로 가야 하는 길

8.15 경축일을 맞아 다시 다짐하며
평화롭고 자유로운
수채화 한 폭
그려놓고 죽을라네

평화의 종소리

정수리를 단단히 매달고
통나무로 밀어 쳐 중생을 깨우치는
아파야 우는 종소리
울림이 클수록 더욱 아픈 종

이념이여 사상이여 벽을 넘어
서로가 평화를 염원하사
통일의 그날에 천지가 놀래는
덩더쿵 춤을 추며 만세를 부르자

박진호

2011년 《문파문학20호》 시 등단, 동국문인, 국제펜한국본부 회원, 저서 『함께하는 시집』

대한민국 독립 만세

국립 현충원을 걸으며 감사한다
김상옥의사 서울 승리의 표상
서울 시가전 의거의 순국으로
의열 투쟁의 선봉이 되었다

김구, 조소앙 선생을 따른 의열 단원들
손문, 장개석의 무관학교 출신이 많다
김구, 조소앙 선생의 용단으로
카이로 선언, 얄타회담, 포츠담 선언 이루었다

의병, 독립군, 의열 투쟁, 광복군
장장 51년의 투쟁 삼십만 이상의 희생
35년만의 독립
대한민국 독립 만세

동대문교회

서울 토박이의 독립운동 성지
개인구원 나라구원의 신앙
국운을 바로잡기 위한 반일운동의 선창자
의병운동, 3·1운동,
무장 독립운동, 신사참배 반대운동
항일운동의 주모자는 하느님이지요.

호머 헐버트 선교사
손정도 목사
김상옥 의사의 얼이 서린 곳
영덕 철물상과 함께
서울 독립운동단체 '혁신단'의 근거지
희망의 대한독립 양성소
600년 서울 성곽에 밀려 사라진
어둔 역사 속 민족정신의 보루 어디서 보나

박철언

시인·수필가·변호사·법학박사, 한반도복지통일재단 이사장, 전)정무장관 체육청소년부장관, 윤동주 문학상 외, 시집 『바람을 안는다』 외.

엄혹한 시대,
민족의 저항시인 이상화

빼앗긴 들, 빼앗긴 이름
민족혼마저 빼앗길 수 없어
꿋꿋하게 어둠을 저항한 민족시인이자
문학평론가요 번역문학가요 교육자

처참한 현실 속에 참다운 삶을 잃어버려
고통과 슬픔이 마디마디 자라던 시대
흔들림 없이 저항하며 지조 지켜
조국 되찾으려 온몸으로 노래한 독립운동가

하늘은 굳게 입 다물고 봄조차 느낄 수 없는
허허로운 들판, 웃음과 설움이 어우러진 사이로
혼을 일깨우려 부르며 찾으며
풋내를 띠고 하루를 걷는 시인

암울한 시대를 꿰뚫어 통곡하듯
혼이 담긴 저항시들만 유족처럼 남기고
하늘과 들이 맞닿은 소실점 속으로
영원히 사라져간 불꽃의 43년 생애

민족혼과 시대정신 품은 그의 시詩

되찾은 땅 들녘에 서면 사계절 내내
민족의 가슴에 바람 되어 불어온다
고향 대구 들녘 넘어서서 한반도 들녘에

민족시인 한용운의 빛과 향기

동학농민운동에 가담했으나 실패하고 백담사의 승려가 된 청년 만해萬海, 독립선언서에 서명한 죄로 3년 형을 선고받은 3·1운동 민족 대표

나라 잃은 슬픔을 연인과의 이별로 승화시켜 '만날 때 떠날 것을 염려하는 것처럼 떠날 때 다시 만날 것을 믿는다'고 이별과 소멸 속에서도 만남과 생성을, 절망을 극복하려 희망을 노래한 님, 빼앗긴 조국을 되찾고자 끊임없는 저항과 광복을 다짐하던 님

님이 침묵할 수밖에 없던 상실과 모순의 시대 '님은 갔지만 나는 님을 보내지 아니하였다'고 조국 광복과 민족주체성을 강조한 은유와 역설逆說의 시학, 생명에 대한 가없는 사랑, 자유, 평등이라는 인류사적 대의를 딛고 평화를 역설力說한 시인

평생 갈구하던 광복을 1년여 앞두고 쓰러지신 님이시여 오호! 독립운동가, 민족시인 한용운! 분단과 갈등, 대결로 찢겨진 이 시대에 만해의 빛과 향기는 우리가 되살려야 할 정신사적 에너지가 아닐까

아아! 님은 지금도 여전히 우리 곁에 머뭅니다

백영호

한국문협·아태문협 회원, 직업전문대학교 조경담당 교수, 인사동시인협회 부회장, 제4회 인사동시인상 수상 외, 시집 『초록숲에서 별을 낚다』외.

다듬이 소리

우리네 삶에
세 가지 기쁜소리 있으니
아기 우는 소리
자식 글 읽는 소리
그리고
다듬이 방망이 소리라

다듬이 소리는
다듬돌과 풀 먹인 삼베 홑청
다듬방망이와 할머니 손길이
어우러져 내는 오케스트라
백의민족 여인네 恨의 소리요
보릿고개 설음 달래는
할머니의 몸짓이었다

쭈글쭈글 주름 좍악 펴지고
청아한 장단가락
밤 이슥녘 퍼지는
때림의 장단에 가슴옹이
맺힌 것이 풀림으로

어머니 속울음 였을까
할머니가 운 띄우면
어머니 들어간다 장단가락,
오늘따라 그 어머니 다듬이 소리
창자 타는 듯 그리움
가슴에 옹달샘으로 솟아오른다.

사위환

법학석사, 현대시협·신문예문학회회원, 인사동시협회 지도위원, 부천문인회 이사. 2025인사동시협 여름해변학교백일장 장원 수상.

불멸의 뿌리

자유대한민국의 뿌리를 건드리지 마라
그 뿌리는 조상의 피와 땀으로 다져진
민족의 얼이니
수많은 고난 속에서도 짓밟히고 으스러져도
오히려 더 넓고 깊게 뻗어 내리는 생명이여

내일의 번영을 향한 기둥은 곧게 솟아오르고
힘차게 뻗어 나간 가지마다 희망이 움튼다
광복 80주년, 선열들의 염원이 꽃으로 피어나
자손만대에 이어질 민족의 열매를 맺으리라

건드리지 마라, 이 자유의 나무는 결코 쓰러지지 않으리
불굴의 정신으로 이룩한 대한민국의 역사 위에
우리는 영원한 번영을 약속하며
자유와 평화의 노래를 이어 부르리라

시대의 물결

거대한 시대의 물결이 밀려오네
그 포말은 변화의 숨결을 품고
두려움과 경외를 동시에 안기네

물결은 세상을 뒤흔드는 역사의 수레바퀴요
낡은 그림자를 지워내고 새로운 빛을 드리우네
거친 파도 속에서 세상의 흐름이 보이는 듯
멈추지 않는 시대의 맥박이 뛰네

물결은 사람들을 집어삼킬 듯 압도하고
길 잃은 발걸음들 갈 곳 몰라 헤매지만
이 거대한 소용돌이 속에도
숨겨진 희망의 섬 하나쯤 있으리

그러나 저 물결은 언젠가 잔잔해지리라
그 혼돈이 지나간 자리에
더욱 견고한 터전 위에 찬란한 새 세상이 펼쳐질 것이니

서광식

사)가교문학 이사, 국회시낭송지도자 대상, 한국경제취재부장.

아직도 못다 부른 노래

다시 오겠다…! 하던
약속 지키려 함인가
세월은 어느덧
106년이나 흘러가는데
오늘도 일본은 독도가
자기네 것이라며
다께시마라 강변합니다
아니, 조선점령기 문제라면
배상이 아니라 보상차원으로
생각해 보겠노라 능청을 떱니다
고개 돌리면 중국은
말도 안 되는 그
동북공정의 야욕까지
드러내고 있습니다
그대, 아직도 못다 부른
노래를 부르시라
오, 하늘의 묵시록
3.1의 노래여!

빛과 그리고 그림자

그런대로 빛을 보고 살았습니다
그림자도 드리우며 살았습니다

그러므로 나는
빛과 그리고
그림자이겠지요

흙으로부터 와서
흙으로 되돌아가는
것이 인생인 것을

그러겠네요
레떼* 호수 건널 때
뱃사공한테 보여 줄
승선자격증 같은
것이겠네요….

* Lethe : 그리스신화에 나오는 망각의 호수

서정원

고려대학교 정치외교학과 졸업, 한국신문예문학회 부회장, 문예사조문학상 수상, 시집 『시간을 훔치는 쪽문』 외.

불과 물의 한마당

2024년12월3일 오후 10시 23분
불(火)의 요일이 저물던 그때
비상계엄포고문1호가 티브이 화면에서
불을 뿜어내고 있다
'다 잡아드려'
'끌어내'
군홧발이 여의도 전당을 습격하는 밤
정신을 놓은 권력의 입
밤을 입은 낯선 말이 오고 간 밤
어느새 날은 바뀌고
불은 물을 이길 수 없다
한바탕 전운이 걷히고
무장병은 고개를 떨구고 뒤돌아섰다
하늘은 불과 물의 싸움을 지켜보며
한마디 내린다
'기후변화로 지구가 미쳐가나 보다'
45년 전이던가
총칼이 춤을 추던 그때처럼

혼 구멍 두비석

용화사* 경내 두 비석
육사9기 임관도 못한 채 포항 전투에서 전사한
권태응** 대위 충혼비
아내 법연스님(속명 한연화) 공덕비
석양에 길게 그림자 쓰다듬는
주지 정수스님*** 두 손을 모은다
1973년 남편이 전사한 자리에 움막 짓고
용화사를 중창 1985년 남편 위령비 세우고
비구니 생명이 끝날 때 까지 눈물로 지켜
92세 입적하기까지 남편 혼백이 감도는
그곳 머물다 공덕비로 태어났다
동족상잔의 비극이 불러온 역사의 눈물 한줄
옷깃 스치는 솔바람 따라 청아한 풍경소리 산사에 울려 퍼지고
오가는 산자의 등줄기에 죽비 소리 닿아
산비둘기 울음소리 가슴에 젖는데
두 비석 흙이 될 때까지 혼 구멍 사이로 맞잡은 두 손에
옷깃 여며지는 나그네

* 포항시 기계면 화대리 비학산 자락
** 1950년8월23일 비학산 고지 탈환 전투 전사
*** 군인 출신 주지 정수 스님

선유미

시인·수필가·화가, 한국문인협회회원, 인사동시인협회회원, 시집 『피카소의 우물』 외.

민족시인 윤동주

인왕산 숲길에서
윤동주 시인을 만났다

식민지로 사는 것은
피를 흘리며 사는 노예의 삶이다
나라를 잃은 조선의 시인들이
마루타가 되어 죽었다

인왕산을 타고 흐르는
하늘의 고함소리, 폭포의 한숨소리,
나무의 울음소리
다정하게 머리를 헤아리고 말을 건넨다

고단한 마음이 쉬어가는
알맹이 깊은 시를 쓰라고
숲의 바람은 메아리가 되어 울린다

시심을 깨우는 숲길에서
윤동주 시인을 만났다

백두산 천지에서

민족의 성산
백두산 천지에는
귀한 인연이 어우러져
따뜻한 체온을 나눈다

바람을 등에 업고 가는
수많은 여행객들이
백두산 천지에 모여
감동과 기쁨을 흘려보낸다

천지에서 흐르는 맑은 물은
두만강을 타고 압록강을 휘돌아
서울 한강으로 쏟아진다

내 심장을 타고 흐르는
천지의 물방울이
대한민국을 살리는
민족의 혼불이며 겨레의 사랑이다

손수여
문학박사, 월간문학 문학평론 등단. 국제펜한국본부 대구지회장. 제34회 P.E.N 문학상 외, 시집 『지금도 시위 중이다』 외.

그날의 절규, 우리의 빛

무참히 쓰러지는 총칼 앞에서
분연히 일어나 꼿꼿이 외친
만세, 만세, 대한독립만세!
만세, 만세, 대한민국만세!
100년 전 3.1 그날의 절규가
방방곡곡 용광로처럼 끓어올라
오늘 한국이 있고 우리도 있다
민족의 자결과 자주독립을
부르짖은 선열의 그 뜻이
우리의 빛이고 우주이었다
광복 여든 해, 반만년 역사
한글은 5대양 6대주 지구촌에
만세 물결이 출렁 출렁인다
민주 자유 태평성대 대한 나라
태극기 만세에 무궁하리라
뿌리 깊은 솔처럼 청청하리라.

아내 같은 아, 내 같은 시

시는 그냥 삶이다 영원한 건 영혼이고
바람에 씻긴 별처럼 맑은 영혼이다

시는 배반하지 않는다 늙어 갈수록
아내 같은 시, 삶의 동반자이다

빈칸, 얼마 남지 않은 빈칸을 채워간다

때로는 고독해도 외롭지는 않다 시는
영혼이고 아, 내이기에 더 감출 수 없는

송낙현

대구광역시 군위군 출생, 2011년 『예술세계』〈시〉로 등단, 제21회 영랑문학상 본상. 제20회 산문학상 외, 시집 『바람에 앉아』 외.

광복 80주년을 기리며

2025년 금년은 우리나라가,
36년간의 일제 식민지로
부터 벗어나 광복*1을 맞은 지 80년째 되는 해이다

해방된 조국이, 남북 분단의 아픔을 안은 채
자유민주 대한민국을 건국**2한 지 2년도 안 돼
발발한 6.25 전쟁***3의 폐허 위에 우렁찬 재건의
깃발을 세우고 밤낮없이 달려온 장대한 발전의 세월,

오늘날 우리나라는 경제, 군사, 문화, 우주항공 등
모든 면에서 골고루 성장하여 세계 10위권 내 강국으로
진입, 선진국들과 어깨를 나란히 하고 있으니
이 얼마나 놀라운 일인가, 이 얼마나 기쁜 일인가

눈물과 피와 땀이 한데 어우러져 이 나라 구석구석
곳곳마다 번영하고 자유가 꽃피고 웃음이 넘치니

광복 80주년, 기적의 자유대한민국이여!

힘차게 더 힘차게
세계로, 우주로 뻗어 나가자

* 1945. 8.15 일제식민지 해방
** 1948. 8.15 대한민국 건국
*** 1950. 6.25 전쟁 발발, 1953. 7.27 정전

구름 관광

여권을 갖고 비행기 탑승권을 받을 때
창가 좌석은 큰 행운이다

이륙하고 구름 위로 올라가 창밖으로
내려다보이는 기기묘묘한 구름 형상,
산 모양, 용 모양, 계곡 모양, 시시각각
변하는 이루 형언할 수 없는 웅장한
아름다움, 끝이 없는 광활한 구름바다,
석양에 붉게 타오르는 황홀 또 황홀

하늘 여행 구름 관광은 세계 100대
관광 명소 뺨치는 최상의 관광이다

송미순

시인·아동문학가, 한국문인협회 회원, 대전시 서구청장상 3회 외, 문예마을 부대표·편집주간.

철鐵의 노래

깊은 상흔으로 수놓인 발등이
포화의 숲 걸어갈 때
쇠의 땀은 핏물이 되어
태백산 협곡에 부르짖음을 묻었다

한 발자국마다 무너지는 별 아래
전우의 이름 삼킨 밤
쇠사슬로 엮인 가슴속에 맺힌 설움은
이제 우리의 가슴에 희망의 싹을 밀어 올린다

그날의 그늘은
햇살에 녹아내린 쇠의 껍질이 되고
상처 입은 영혼의 파편은 조국의 혈맥으로 뿌리내리고
쇠망치로 두드린 심장 소리는 이 땅 끝까지 힘차게 울린다

철길 위에
부서진 달이 당신의 휘파람을 실어 오면
쇠의 뼈가 지평선을 넘어 달리고
당신의 사무친 침묵은 쇳물로 타오르는 이 땅에
민족의 혼불로 타올라 영광의 교향곡으로 울려 퍼진다
영원한 노래로 새긴다.

흔적을 줍다 2

담배꽁초 조각들이
파도가 삼킨 불씨의 굳은 밤
우리의 손끝에서
부서진 병뚜껑들이 별자리를 되짚는다

한 장의 현수막은 땅의 상처를 덮던
얼굴 없는 가면이 되어
발아래서 흙이 내쉰 한숨에 멍이 들 때
종이조각들은 나뭇잎의 그리움을 접어
강이 삼킨 편지의 목젖에서

봉사자들의 등잔불이
길 잃은 광년光年을 빛의 종자주머니에 담듯
쓰레기봉투 속에서 버려진 시간이 새싹으로 터진다
유리 조각에 비친 하늘 조각들
녹여내는 아침
어둠의 주름진 손바닥에 서린 은하수

발밑에 흩어진 상처들을
한 뼘씩 주울 때마다 지구의 심장이
우리 손톱 아래서 다시 뛰기 시작한다

신갑식

시인·수필가, 인사동시인협회 회원, 시집 『길 위에 시간을 내려놓고』 외, 수필집 『쉼표찍기』 외.

문득, 그리움 한 줌

오래 전
낡은 사진 속 인연
뭐가 그리 그리워 봄바람 불 듯
밥 한번 먹자 연락 주시고선
계절이 두 번 바뀌고
다녀오신다던 해외여행
세 번도 더 다녀올 하세월
형님,
산다는 게 그러하더이다
보고플 땐 와락 땡기다가도
아니지 그게 아니지
혼밥에 익숙하고
평생 아내에게 길들여진 몸의 루틴
어느 날 우연히
어느 골목길 조우遭遇커든
그때
제가 거하게 한 번 모실게요.

그 아이

지금쯤
나처럼
흰 머리 듬성 듬성할 그 아이

그 시절
비 오는 날 편지에
또락 또락
비가 온다고 했지

지금
내 가슴에
또락 또락 비가 내리는 걸
그 아인 알기나 할까.

신경애

신영산업대표, 사)리멤버위원회 이사장(통일부), 수원시의장 표창장(문화외교) 외,

편지

내 마음 안에 살고 있는 꿈을 꿉니다

꿈속에 돋아나는 새싹을 봅니다

새싹같이 쑥쑥 자라는 가슴을 느낍니다

가슴 안에 숨어 있는 얼굴을 그립니다

돌아선 얼굴 감추어진 입술을 봅니다

입술 가에 피어오르는 미소가 보입니다

미소 위로 묻어나오는 애잔한 숨소리!

아~ 나는 그 숨소리에 가슴 떨립니다

숨소리가 담긴 사진을 찍어 보냅니다

꿈 밖, 그리고 꿈 안

꿈에서 깨어났습니다
꿈밖이 이렇게 외로운 줄 몰랐습니다
다시 꿈으로 돌아갈 수 있다면
꿈밖의 모든 것을 버리겠습니다
그 좁은 꿈 안이 이토록 그리운 것은
그 안에 사랑이 있기 때문입니다

나를 꿈밖으로 밀어낸 그 임이
아직도 그 꿈 안에 남아 있다면
죽음을 각오하고 그 안으로 가겠습니다
그러나, 만약 그 임마저도
꿈밖으로 나와 버린다면
꿈 안도 꿈밖도 다 버리겠습니다

신민철

시인·가곡작사가, 한국문협·현대시협 회원, 관악문협 부회장, 계절문예작가회 중앙위원 외.

관악산 산 그림자

깊어진 골짜기마다
돌멩이들에 모임 이어지고
바람마저 끼웃거리는 곳
우린 옷깃처럼 만났지요

나란히 두 어깨로 한 채
마음을 앞세우고
마주 보는 산들이
산들이 그렇게도 정다웠는데

가끔은 빗금을 긋고 내려온
물방울만 토닥거리다 가고

애써 그때 그 흔적을 지우고 있는
관악산 산 그림자

새벽달

나와 마주칠 사람은
아직도 어두움이 고여 있는
굽어진 골목길에 있다
가난이 싫어서 두 눈 가득히
새벽빛을 담는 이가 있고

나와 마주칠 사람은
아직 꿈이기를 비는
잠이 덜 깬 이가 있다

한낮이 가고 나면 햇살도 기울기를 하지만
밤이 오가고 나면 새날이 있기에
내일을 찾아 기울기를 한다.

신순동

시인서예가, 이율곡서예대전 초대작가, 신문예문학상 시부문 최우수상 외, 시집 『어처구니여자』

해 저물녘 여로

인생 겨울이 봄을 데려왔다

누가
눈감고 귀막고 입닫고
노년을 살라고 했던가

뒷방 늙은이는 옛말
나라가 깔아주는 한마당 놀이터에서
노래와 춤 그림과 글짓기도 시간이 짧다

새벽을 깨우며 헬스장 찾는 시간
근육을 키우고 몸매를 다듬고 땀을 만든다

해 저물녘에 신명난 여로
살만하다

비움을 벗어놓고
– 보문사

산안개 둘러싸인
법당의 촛불아래서
합장하고 삼배를 올린다

눈썹바위 저 마애불은
418 계단을 통과해야 만날 수 있는 곳
이내 뜻을 접었다

한 가지 소원이라도 청해볼까
한참을 망설이다 그만두었다

오늘은 왠지
세속적 욕심을 내려놓고 싶었다
빙그레 부처님은 적막을 부수고
비움의 고요를 들려주신다

서해안에 내려앉은 낙조
어둠을 태우고 있다
때 묻은 일상을
바닷물에 벗어 놓았다

신영옥

한국문협.한국신문예.국제펜.여성문학회원, 동작문학대상, 시집 『산 빛에 물들다』, 영역 『스스로 깊어지는 강』 외 다수.

광복 80주년을 맞으며
— 더욱 힘차게 나아가는 우리

광복 80주년, 그 역사의 흐름을 나는 보았다

일제로 부터의 해방 민족의 환희 속
1950년 6.25일 갑작스런 북한 공산당의 남침으로
6.25전쟁 발발로 폐허가 된 국토를
젊은 피로 지켜간 국군과 고마운 국제연합이 있었음을

온갖 고통 이겨내며 세계 속에 우뚝 서는 우리나라 거기엔
새마을 운동이 한강의 기적을 이뤄내며
사회 과학 문화 예체능이 세계인의 선두를 달리고 있는 지금
자랑스럽고 살기 좋은 KOREA 태극기가 휘날리고 있음을

그러나 광복 80년 흐름 앞에서도
한반도의 허리춤을 휘어잡은 뼈아픈 DMZ
그러나 우리는 할 수 있다
평화와 사랑 나눔의 증거가 되는
대한의 힘찬 역군들의 정의와 기백 앞에
머지않아 휴전선도 자유평화 외치며 힘차게 일어서리라

자유를 앓는 바람
– 두타연에서

양구 최북단 금강산 가는 길목
망초 꿀풀 패랭이 이름 모를 풀꽃들이
역 삼각형 지뢰 푯말 바람을 흔든다

동식물만 자유 얻어 이룬 생태공원
×××부대 안내원 따라 걷는 발길이 흔들리고
망원 렌즈 초점이 눈시울에 흔들린다

까칠한 가시철조망 두 세 겹 억센 목소리가
가슴을 치는 무명용사 기념탑 앞에
들 고양이 산새와 묵념을 올리는 정오

자유를 위해 백골이 된 젊은 피의 아픔에
흐르는 바람도 가슴이 메어져
두타 연 물소리가 하늘을 친다

신혜경

한국문인협회 회원, 한용운문학상 최우수상, 시집 『미니 입은 달빛』

바다의 푸르름으로
천연 염색을 하자

그대여
오십 대의 빵 굽는 향의 가슴을 가신
당신들이여
동해 바다에 와서는
동해의 푸르름으로 천연 염색을 하자
그러면 하루가 짧았던 청춘의 열정들이 살아서
가슴에서 요동을 칠 것이다

순수의 영혼으로 자정을 넘기던 시간들 속에서
사랑과 소망은 현실 속에서 몸살을 앓던 청춘의 시간

오십의 두께로 잘 숙성된 당신들이여
동해 바다에 와서는
눈부시게 빛나는 이 동해의 푸르름으로 천연 염색을 하자

추억의 배들이 항해를 준비하는 시간이든지
항구의 배들이 모두 떠나버린 시간이든지
그것이 무슨 상관이 있겠는가?
살아야 할 날들이 살아온 날들 속에서
저 등대와 같은 고독한 순수의 손짓을 보았다면
영혼이여

그대마저도 이 동해 바다에 와서는
동해의 푸르름으로 천년 염색을 하자.

당신을 사랑합니다

당신의 작은 목소리에 사랑이 담겼습니다
이불 속에서 딱정벌레처럼 기어 나올 때
당신의 미소를 봅니다
당신과 나는 관계의 그물망을 만들었죠
어떤 존재이든 그 자리에서 서로의 미소가 되어
그래서 당신을 사랑합니다
당신과의 많은 날들 속에서
이제 새로운 외출을 준비합니다
당신의 미소와 나의 미소가 서로 닮아갈 때
다시 만남을 기억하며
당신을 사랑합니다
이 사랑이 존경이라고 타인이 인정할 때
당신은 이별을 해도 좋습니다
존경의 가치는 영원하니까요
불멸의 가치니까요.

신호현

시인·문학평론가, 현) 배화여중 교사, 한국문인협회, 종로문협 감사, 타고르문학상 외, 시집 『통일이 답이다』 외.

죽으면 죽으리라
― 김상옥 의사

심장에 흐르는 피가
뜨겁지 않으면 살았다 하리요
하늘 우러른 양심이
바르지 않으면 살았다 하리요

하나님 돌보시는 나라
사랑하는 내 백성 사는 나라
죽어서도 다시 살고 싶은 나라
이 땅에서 살기 위해 죽는다오

늑대 사냥꾼으로 부름 받아
남의 땅 남의 민족 탐내는 무리
경성은 내 나라 민족의 수도이니
혼자라도 당당히 맞서 싸우리라

하나뿐인 목숨 걸었으니
실패하면 내세에서나 만납시다
자결하여 독립의 뜻 지킬지언정
적의 포로가 되지는 않을 것이라

종로 경찰서에 던진 폭탄은

조선 민족의 눈물이요 씨앗이니
나의 사랑하는 대한의 백성들이여
자유의 땅에서 영원히 번영할지라

그대는 무릎 꿇는가
– 신팔균 장군

그대 폭풍 앞에 무릎 꿇는가
내 사랑하는 나라 가족 앞에
국운 거스를 큰 폭풍 일었나니
그대 폭풍 향해 죽음 돌진하는가

선조 대대 무관 집안에 나서
청렴 강직한 성품 몸에 입었노라
경술국치에 만주 신흥무관학교에서
교관으로 독립군 수천 명 배출했노라

대동청년당 대한통의부 조직해
군사위원장 백두산 호랑이가 되어
백성 겁탈하는 주재소 소탕하였노라
압록강 침략의 원숭이 떼 몰아냈노라

내 땅 내 나라 탐내는 무리
반도 가득 회오리로 창궐하니
의기충천한 사내대장부로 태어나
침략 폭풍 앞에 어찌 무릎 꿇겠는가

안기찬

국제펜클럽 한국본부 회원, 사)한국문인협회 회원, 사)한국현대시인협회 이사 (상임이사, 감사 역임), 한국신문예문학회 주간 역임.

차마

나는 저 여린 흔들림을 흠모한다

노란 꽃잎 흔들며
지극히 아름다운 순간을 꽃피우는
4월의 수선화를 보라

하늘의 어떤 은하의 별도
저리도 여린 몸짓으로
흔들리지는 않는다

세상의 어떤 문명의 샘물도
저렇듯 눈부신 색깔로
꽃피우지는 못하였다

사랑을 앞에 두고도 수줍은 마음 들킬까
나는 차마 말 못하고
떨리는 손끝으로 꽃잎 쓰다듬으며
읊조린다

아! 예쁘다

침묵의 언어

바람은 깃털 속에 숨고
얼어붙은 땅은 나무들의 뿌리를 붙잡고
목숨을 부지하고 있다
침묵 속에서 날개는 돋아나고
욕망의 부리가 허공을 빻며
꽃술을 훔치고 있다
그대여, 너는 듣지 못하였구나
입술을 떨며 우는 새들의 노래를
어둠을 깨우는 별빛이
차가운 시간을 붙잡고
적막 속에서 헐떡이는 숨소리를
잠자는 바람은 울지 않는다
내 너를 소리 없이 부르나니
돌아와 입술을 다물고 노래하라
봄을 기다리는 겨울 강엔
물소리도 들리지 않는다
생명은 눈물 속에 꽃피운다
그대여 바다처럼 담대하고
섬처럼 침묵하라
동쪽 하늘 뚫고 오는
붉은 해가 새벽을 쪼을 때까지

안병학

《열린동해문학》詩부문 신인 금상 수상, 한국예술인복지재단 예술인 작가, 한국문협·한국현대시협 회원, 아태문인협회 부이사장.

새벽바다

바람은
먼 바다에서 밀물져
어두운 지평에 오르고

누워 뒹구는
일상의 잔해들을 떠나보내며
여명을 눈뜬다

어둠을 태우는 새벽길
실체를 드러내는
화용化蛹의 바다에서

눈을 들어
꿈틀대는 동녘을 향해
알몸으로 너와 내가 만나는 시간

파도는 썰물 져
존재의 원류를 드러내는 영혼의 소리
해조음을 듣는다

무화과無花果

세상에서
가장 맛있는 붉은 꽃
무화과

태초에
선악과를 따먹은 아담과 이브
눈 밝아 부끄러워
알몸 가려준
잎사귀만 남기고

카오스의 비밀을 머금고
꽃받침 속으로
꽁꽁 숨어버린 꽃

아무에게나
보여주지 않는
은밀한 그 꽃

가슴으로 본다.

안윤자

시인·수필가, 1991년 〈월간문학〉 신인상 등단, 한국문인협회 복지위원. 2025 올해의 수필인상 외, 시집 『무명 시인에게』 외.

북악 아래 노천카페

옛 조선의 육조거리 광화문광장
고적한 에움길 노천카페
에스프레소 한 잔을 시켜 놓고
유향처럼 피어오른 연기를 흡입한다

첨단과 복고가 나란한 북악 기슭은
세월을 한껏 뒤로 물린 타임머신
저 산 저 바위는 육백 년 전 그날도
저 자리를 정히 지켰거늘

한 잔 술도 넘기지 않았는데
아편 내처럼 혼곤히 퍼진 취기 속에
천근같은 한숨 소리를 듣는다
소멸한 역사가 뱉어내는 가래 소리를

저문 해 뉘엿뉘엿
인왕산 봉우리에 얹혀있는데
무악재 너머 성문 밖의 여보게나
고만 길을 재촉하구려

새벽에 쓰는 시

오늘은 인생에서 그중 젊은 날
한 줄 시를 적으리라

가쁜 숨 몰아쉬며
나른해진 몸을 누일
조금 이른 저녁의 안락을 위해

아이가 자라면 노인이 되고
그걸 인생이라고 말하지

나에게도 새파란 하늘이 있었단다
봄과 여름 지나고 서린 빛 드니
오매 낙엽 지겠네

안재찬

한국문협 편집위원, 조연현문학상 외. 시집 『바람난 계절』 외.

2033년 8월 8일 12시
– 광복 80년에

무엇이 우리를 눈물짖게 하는가
무엇이 우리를 노여웁게 하는가
무엇이 우리를 부끄럽게 하는가

한시라도 잊을 수 없는 가물거리는 핏줄, 하나인 듯 둘인 듯 따로 따로 달음박질에 인이 박여 옹고집 외길로 예까지 80년

아버지는 공일날 새벽, 남녘을 조준한 6·26 총부리를 비켜서지 못해 그해 늦여름 윤동주 나이로 오랏줄에 묶여 죽령제 골짜기에서 한생을 내려놓았다

유년 시절부터 생존학습에 앞장서는 해방둥이, 말수는 줄고 고개는 숙이고 속엣말은 꺼내지 않는 견고한 준칙, 골목마다 쌓여가는 쓸쓸과 적막과 서러움 그 어둠의 속살은 두터워져 이슥한 밤이면 배갯머리 젖었다

백두야 한라야!
어느새 모진 삶도 저물어 가고, 절름발이로 동공은 흐리지만 이대로는 눈 못 감는다
해질녘 길섶 바람에 흔들리는 더위 먹어 풀죽은 개망초꽃 앞에서 발을 멈춘다 빛과 그림자 더부룩한 과거는 무덤의 시간으로

봉인하고

'그립다 / 말을 하까 / 하니 그리워* 웅얼거리며, 이제 그만 핏발 선 눈을 거두어야

세계가 일제히 갈채를 보내는 하나로 한반도 우짖어 창공으로 깃발을 펄럭이는
 그그 K통일!
'흙 다시 만져 보자' 서울아 평양아

빛바랜 일월日月 해방둥이가 천둥 번개 지나간 그 날 밤 꿈속에서 만난 숫자의 조합을 차마 지울 수 없어 미리 유언으로 남겨 둔다
 2033년 8월8일 12시!

남북 너희 둘이 한몸 되는 혼례식, 천상에서 내린 길일을 목숨 걸고 촛불을 켜라 (εε⇄ 3 3 = 8 8 / 사라는 90세에 아들 이삭을 낳았다)

* 소월 「가는 길」에서 빌림

안종만

시인·수필가·칼럼리스트, 아태문협 부이사장, 월간국보문학 작가대상 외, 저서 『인생은 도전과 응전이더라』 외.

캥거루족이 늘어난다

　젊은이들 중에 캥거루족이 늘어난다. 캥거루족이란 경제적 이유 등으로 나이가 들어도 독립하지 않고 부모에게 얹혀서 생활하는 성인을 의미하는데 IMF 이후 늘어나고 있다. 친구나 지인 중에도 여럿 있다. 우선 생질녀부터 나이 50이 넘도록 처남에게 의지하며 방콕하는데 처음에는 보기가 안쓰러워 나가 놀다오라고 용돈도 주고 했는데 이젠 한집에 살아도 남남 같은 가족이란다.
　다른 지인들도 자식 키워 대학까지 공부시켰는데 취직도 안 하고 독립할 생각은커녕 용돈 달라 손 벌리는데 미치겠단다. 다른 집 다식들 잘 자라 결혼도 하고 손주들 안고 할아버지 할머니 방문하며 지내는 모습 보면 내가 생전에 무슨 업을 지었기에 저런 애물단지가 태어났냐고 탄식한다.
　최근 공개된 2023년 통계청의 조사결과 20세~49세까지 수도권 미혼남녀 10명 중 6명은 부모와 동거 중이라니 우리나라 캥거루족의 심각성을 알 수 있다. 20대의 69.7%와 30대도 절반이 넘는 50.1%가 부모 품을 떠나지 못하고 40세~49세 미혼남녀 40.9%가 부모와 함께 살고 있다. 성인이 부모 슬하를 떠나지 못하는 요인으로 1. 높은 주거비인데 수도권과 대도시의 집값과 월세가 부담스러워 독립이 어렵고 2. 취업난으로 안정적인 직장을 구하기 어려워 자립을 못하고 3. 물가상승으로 생활비 부담이 만만찮고 4. 청년들의 결혼연령 상승으로 독립을 미루고 있다. 결혼⇒독립인데 5. 부모가 자식사랑 정신이 넘쳐 경제적 지원을 하며 6. 독립의 두려움이 있다. 부모의 슬하에서 편안하게 생활하다 독립했을 때의 사회여건을 걱정한다.
　필자는 여성가족부가 생기고 여성의 지위 향상을 위해 만들어진 법률 가운데 성폭력 범죄의 처벌 등에 관한 특례법은 형법으로도 다스릴 수 있는데 너무 광범위하게 처벌하는 악법이라고 생각한다. 남녀가 스킨십도 하고 진한 농담도 하면서 정들면 사랑도 하고 결혼으로 이어지는데 이 법은 아예 그런 행위 자체를 하면 처벌받으니 미혼이 늘어날 수밖에 없지 않겠나. 법이란 것이 사회통념을 너무 억제하면 법으로서의 기능은 축소된다.

　혼인율 저하는 저 출산을 초래하고 캥거루족을 양산하는 중대한 요소 중 하나다. 나라가 부유해지니 결혼하면 부모가 집을 사주거나 적어도 전세 정도는 얻어 주어야 부모의 도리를 했다는 현실도 문제다. 자수성가까지는 아니더라도 최소한 월세방에서부터 시작해서 알콩달콩 이루어 나가는 자세가 부족하다. 최대의 목표는 내 집 갖기였는데 요즘 젊은 세대들 보면 원룸이나 고시텔에 살면서도 자동차는 가져야하는 소비위주 편의위주로 내일이 없는 삶을 살고 있다.

　미국이라는 나라는 고등학교 졸업하면 독립한다. 유럽도 대학까지는 부모가 시켜주지만 그 이후는 자신이 알아서 살아가도록 훈련되어있다. 우리나라 부모들의 자식 사랑은 사랑이 아니라 보호이다. 자식이 부모를 부양하는 것이 아니라 부모가 자식을 부양하고 늙어서까지 뼈 빠지게 일해야 하는 묘한 세태가 되었다. 그래도 돌봄미래라는 업체가 50세~64세 남녀 1500명을 대상으로 진행한 조사에 의하면 25%는 부모도 봉양하고 자식도 부양하는 통계도 있지만 과연 25%가 부모를 봉양하는지 통계가 잘못된 것 같다. 문제는 우리나라가 세계가 부러워하는 부자나라로 살다보니 대다수의 젊은이들이 큰 야망도 없고 욕심도 없이 하루 벌어 하루 쓰는 알바를 선호하는 정신상태가 되었다.

　저성장이 도래한 대한민국, 늙어가는 대한민국 캥거루족은 사회악이다. 내가 국가를 위해서 무얼 해야 하나가 아니라 국가가 나에게 무얼 해주느냐 목을 매는 청년이 되어서는 안 되는데 청년들은 노력해도 성공하지 못하는 사회라 생각하고 희망을 포기하고 마음을 닫는다.

　외국 언론이 한국의 장래 소멸론을 펴고 있는데 국가도 캥거루족에 관심을 갖고 주거와 직업 선택 결혼 출산을 위한 특단의 조치를 강구해야 한다. 집값 상승은 청년들의 미래에 대한 희망을 무너뜨렸다는 생각은 위험 수준이다. 청년들의 의식구조 개선이 급선무다. 대학을 나와도 대기업이나 공공부문 일자리는 7만 개 정도, 수요의 10% 정도이니 희망이 없으면 다음은 절망이다.

안혜초

1967 현대문학 추천완료, 전직 언론인, 한국PEN문학상.윤동주문학상 외, 시집 『푸르름 한 줌』 외, 세계여기자 작가협회 한국지부 부회장 역임.

8월에 우리는 진정
- 또 한 번의 광복절을 맞으며

8월에 우리는 진정 또
가슴에 손을 얹고
생각해 봐야 합니다

우리는 누구인가 진정 어떻게 살아야 하는가
반만년 역사에 가장 빛나는 자랑거리는 무엇이고
가장 치욕스런 아픔은 무엇인가

8월에 우리는 진정 또
가슴 깊이 감사해야 합니다

빼앗긴 내 나라 내 땅을 되찾기 위해
빼앗긴 내 나라, 내 나라 글, 내 나라 이름을
되찾기 위해 오로지 그 한마음 한뜻으로

옥중의 모진 고문과 협박 앞에서도
꿋꿋이 버텨내시던 자랑스러운 우리의 선열들….

일제하 36년 그 모진 세월을 마침내 이겨내신
우리의 할아버지와 그 아버지들
우리의 할머니와 그 어머니들

8월에 우리는 진정
깨어있어야 합니다
가슴 뜨거이 기도해야 합니다

이제 결코 다시는
그 어느 나라에도 짓밟히지 않기 위해
이제 결코 다시는
이 나라, 이 겨레 한 핏줄끼리
서로서로 총칼을 겨누며
피 흘리지 않기 위해
아, 우리의 소원! 평화 통일을 위해.

양상군

한국문인협회 회원, 한국신문예문학회 회원, 동남보건대학교 외래교수, 보건복지부장관상 외, 시집 『하나와 하나 사이』 외.

기둥뿌리

햇빛은 틈만 보이면
아낌없이 하사품을 주신다
양지쪽 뿌리 깊은 나무는
뽑히거나 부러지지 않는다

오가는 길이 있듯
받을 수만 있겠는가
주고 받는 것
자연의 섭리요 성자의 가르침

나는 주면 받으려는 욕심쟁이
사랑도 하는 만큼 받으려는 못난이
한쪽 기둥이라도 빠지면 무너진다

단군 시조 정기 받아
대한의 후예로서 충성을 맹세한 기둥뿌리
아버지도 할아버지도 그리하셨다

사노라면 어제가 옛날
오늘은 새로운 발길을 걸어야 한다
새벽잠 설쳐도

새벽 서릿길 걸어도
새벽 첫차를 타야한다

간밤에 메마른 땅에 봄비 뿌린다
흠뻑 젖은 뿌리가 새 뿌리를 순산한다
마디마디 놓칠 수 없는 기둥뿌리

첫차의 기적 소리 멀리서 들려온다.

양재영

경남 밀양 출생, 연세대 경영학과 졸업, 고려대 MBA 졸업, 《월간시》제21회 '추천시인상'으로 등단(2019), 시집 『꼭짓점에서 바라보다』 외.

삼천리의 눈물 이야기

태극기가 휘날리며
한반도의 자유를 불러왔네
길고 긴 밤 칠흑 같은 어둠 속에서
빛으로 이끈 우리의 노래

흩어진 백두천지의 눈물은
남산의 바람을 타고
한라의 백록으로 고였네
조국의 아픔은 지금도 여기에

삼천리의 눈물로 적은 이야기
지금도 거리마다 새겨진 그 날의 흔적
광복의 메아리, 우리의 숨결, 불굴의 정신
영원할 그 기억들은 꿈의 설렘일 것이다

영웅들을 기리며

바람이 불어와 태극기를 흔드는 날
이 땅의 수호자 영웅들의 품에 안겨보자
빛나는 별처럼 눈부신 햇살처럼
그들의 헌신은 삶이요 생명이다

산하를 지키기 위해 흘린 피땀들
그 모든 순간들이 우리의 평화를 지켜내었네
암울한 통치, 힘겨운 삶에서도
조국의 위해 몸과 마음을 바친 충성

무슨 말로 그 온전한 희생을 표현할까?
단순한 감사로는 턱없이 부족하겠지
이 땅 위에서 그들과 함께 숨 쉴 때
평화와 안도의 숨결을 그들 품 안에서 느낀다

광복의 날을 기억하자
그들이 존재함에 오늘이 있음을
영원히 잊지 말자! 그들의 눈물과 땀을
우리의 영웅들을 기리며…

양창식

2009년 《정신과 표현》으로 등단, 탐라대학교 총장 역임, 시집 『제주도는 바람이 간이다』

저무는 햇살에 그대 이름을 적다

예전에는 기다림이 고역이었다
분침은 침묵의 칼끝처럼 느리고
일각은 녹아드는 촛농처럼 아까웠다

혼자 기다리며
저무는 햇살에 그대 이름을 적는 이 순간
인연은 물가의 갈대처럼 흔들리다가
다시 곧게 서는 것이라 믿는다
정분은 오래된 책갈피 속
바래지 않는 향기로 남아 있음을 깨닫는 것이다

차분한 강가에 앉아
은빛 잉어를 기다리는 동안
서서히 날이 기울고
그대 이름을 적은 손끝에
저무는 햇살이 살며시 스며든다

남은 그리움은 강물에 젖고
잉어는 살며시 그림자를 남긴다
기다림은 잔물결 되어
내 안에서 서서히 사라진다

사랑은 언제나 낯선 신호

여자는 깊이였네
가장 어두운 곳까지 스며드는 사랑
바닥을 알 수 없는 고요한 심연
그곳엔 흔들리지 않는 기다림이 있었네

남자는 넓이였네
수평선 끝까지 퍼져 나가는 사랑
머물 수 없는 바람 같은 자유
그곳엔 닿을 수 없는 그리움이 있었네

바다는 깊고도 넓었네
서로 다른 파동이 부딪치고
끝없이 출렁이며 하나가 되었네
깊어서 단단하고
넓어서 영원한 물결이 되었네

사랑은 언젠가 먼 별에서 온
낯선 빛의 언어
그 주파수를 번역하느라 우리는
한 생을 기울인다

엄창섭

관동대학교 명예교수, 김동명문학회 회장, 평론집 『일상의 일탈과 차별성의 의미망』 외.

존귀한 이름

다함없는 순결한 영혼의 기도로
지상에서 가장 빛나는 이름,
참 좋은 어머니의 그 형상은
따뜻한 손, 위로의 눈물 같은 모성
인생의 항로 밝혀줄 등촉燈燭이기에
두 팔 벌려 기도하는 생명나무다.

산자락의 속살 눈부신 여울이다가
가끔은 공기보다 가벼운 풀꽃의 숨결
하늘처럼 드높다 못내 날(刃) 푸른
존귀한 이름, 아버지의 곤핍한 여정은
온전한 젊은 날의 초상肖像이기에
밤하늘의 아득한 은빛 성좌다.

나뭇잎 잘게 흔드는 생명의 바람이거나
자유로이 비행하는 작은 새의 윤무輪舞
혹여 산정에 걸린 하얀 새털구름이다.

꽃과 편지

어둠 속에 수줍은 네 밝은 미소는
청초淸楚한 꽃으로 피어난다.

천천히 커가는 만월滿月처럼
나눔의 아픔은 깊이를 더하는데
가슴을 뛰게 하는 고운 눈망울은
새벽 산등성이로 날아오르는
물안개인 양 나를 휘감는다.

끊임없이 세월의 격랑에 부딪는
피곤한 일상의 항해는
안식安息의 닻을 내리고
심장이 뜨거운 눈부신 언약이다.
목숨처럼 떠받들며 지켜온 네 순수는
뜰에 나려 앉은 영혼의 표징인 꽃눈,
신의 은총 같은 새날의 축복이다.

여운

시인·수필가·소설가,《월간문학》시 등단, 제7회아태문학상 본상 외, 시집『천마도』외.

한송이 국화

솔냇길 노란잎 발자국 따라
잠시 머물던 국화 묘비
한이 스린 광야의 세월
지난 잔정도
바람에 묻혀간다

애절한 것이 무엇이길래
생화 화분 70송이가
밤새 떨어
영하 옛 밤은 깊으랴

잔설에도 이른 아침에
한 송이가 살아
해님 맞아
하얀 미소 띄우네

사면이 막힌 국화의 몸
물 한 모금 못 마시고
허한 하늘에 달무리 지는데
이슬 젖은 눈물 발길
저 별 향해 옮기리

첫사랑

그대가 눈을 뜬 동공
내 모습 맞추리

다가가지 못하는 애태움
부끄러워 저만치 멀어지고

그래도 그대 생각에 떨림이
온종일 몰두해

그대 입술 쫓는
바보 같은 그리움

이대로 가나 가는 자태
한 뼘 가까이 쫓는 나의 그림자

나를 향한 애정의 꿈
그대의 심장에 머무는
바람이어라

- 단편소설 「유리구슬」 내용과 관련 시

오광자

시인·화가, 용인대 회화학과 졸업, 동국대 석사과정 문화재 전공, 강촌예술공간 이사장, 『봉황 날다』 외.

분단 70년

같은 하늘 아래
남과 북 허리 잘린
휴전선 철조망에
붉은 피자국만 얽혀 있네

같은 단군의 자손
우리는 백의 만족
댓쪽같은 혈통의
형제 자매가 아닌가

굽히지 않는 당당함
세계 어디에도 없는
고추보다 매운 혈통을
이어온 남과북 한 형제

삼천리 금수강산
융성한 우리민족
세계에 우뚝설 미래를 가꾸어 가세

삼팔선

같은 하늘 아래
남과 북 허리 자린 휴전선
철조망에 붉은 눈물만 얽혀있네

뿌리가 같은 단군의 자손
우리는 백의민족
한 핏줄 한 형제가 아닌가

굽히지 않는 당당함으로
세계 어디에도 없는
고추보다 매운 우리 민족

희망의 꽃 피우자
삼천리 금수강산 곳곳에
우리 민족의 얼을 본받아

핵 없는 나라 자유로운 나라
남과 북이 손에 손을 잡고
평화통일 이룩하자

오동춘

문학박사·국시조시인·교육자, 한국문인협회 고문, 짚신문학회 명예회장, 제2회 흙의 문학상 외, 시조집 『짚신사랑』 외.

한 많은 통일염원

편지 한 장 전화 한통
여든 해 맞는 오늘까지
철벽같이 막힌 이 비극
지구 어디 하나 있으랴!
아직도 맞선 남북 정상
언제 손잡고 웃을까

길 막힌 기차화통도
통일염원에 늙은 두 눈
녹슨 철길에 잡초만 본다
통일촌 남북 깃발
그 언제 태극기 하나로
자유통일 이룰까

남북 8천만 한 피 형제
하늘뜻 높이 받잡고
한 많은 통일염원
얼싸얼싸 속히 이루고
한 나라 민주꽃 나라로
우리 힘차게 잘 살아가자

우리 한글 힘으로

세종 만든 한글 힘
그 과학지혜 누가 당하랴!
지금 세계 하늘에
한글 깃발이 펄럭인다
한글 숲 아람드리 나무
무성하게 자라고 있다

한글겨레 짚신형제
잘 사는 모습 참 평화롭다
산도 강도 아름다운 땅
외국사람 몰려와 산다
핏줄기 비록 달라도
우리 함께 잘 살고 있다

외솔 지음 한글날 노래에
한글은 문화의 샘터
민주의 근본, 생활의 무기라네
한글은 우리 으뜸 보배
겨레여! 우리 한글 힘으로
나라 굳게굳게 잘 지켜 나가자

오만환

1982년 울림시 《우리 함께 사는 사람들》 동인, 1997년 농민문학 작가상, 시평집 『식탁 위에 올라온 시』, 시집 『칠장사 입구』 외.

초평 5월

미선나무가 꽃편지를 날렸다
바람으로 오세요
굴티부터는 걸어야 좋아요
천년 지켜온 돌다리 즈려밟고
롱(long) 아니고 롱(籠)다리
삼별초 임연 장군 놓으셨다는 오누이 전설
용고개 성황당
이제 호수가 보여요
아! 노래가 들려요 야외음악당
기타를 메고 낚시에 흠뻑
사랑하는 그대에게 (유익종) 눈동자여
보릿고개 어찌 사셨소(진성)
책 만권으로 삼남의 선비를 모았던 완위각(萬卷樓)
왜 말이 없소?
발아래 한반도 지형을 살피시는 두타산
삼신三神과 여인의 뒤태
파동방정식, 상관계수 풀어주지 마세요
보이는 게 전부가 아니잖아요
헤이그밀사 이상설, 국경일 노랫말 정인보
출렁 출렁 출렁다리
사람이 모이면 명소名所가 되지요

살기 좋은 생거진천生居鎭川
초평호는 배가 부르다(滿朔)

엄마 나물

부처님 오신신날
풋풋한 내음
고추장에 참기름
아무 맛없다고 투덜대면서도
입 안 가득
만인 평등의 한 말씀
착하게 살아라
꽃이 아니고 나무도 아니고
아무것도 아닌 것이 아니고
서리가 내리면
뜰 안 가득 맑은 웃음
길을 밝힌다
가난하고 거룩하신
우리들의 나물님

오세영

서울대학교 명예교수, 1968년 현대문학 등단, 한국시인협회 회장역임, 김삿갓문학상 외, 시집 『곡선은 직선보다 아름답다』 외.

8월의 시

8월은
오르는 길을 멈추고 한번쯤
돌아가는 길을 생각하게
만드는 달이다.

피는 꽃이 지는 꽃을 만나듯
가는 파도가 오는 파도를 만나듯
인생이란 가는 것이 또한
오는 것
풀섶에 산나리, 초롱꽃이 한창인데
세상은 온통 초록으로 법석이는데

8월은
정상에 오르기 전 한번쯤
녹음에 지쳐 단풍이 드는
가을 산을 생각하는
달이다.

그릇

깨진 그릇은
칼날이 된다.

절제와 균형의 중심에서
빗나간 힘,
부서진 원은 모를 세우고
이성의 차가운
눈을 뜨게 한다

맹목의 사랑을 노리는
사금파리여
지금 나는 맨발이다

베어지기를 기다리는
살이다
상처 깊숙이서 성숙하는 혼

깨진 그릇은
칼날이 된다
무엇이나 깨진 것은
칼이 된다

오세현

고려대학교 대학원, 진주 남강문학협회 등단, 월성초등학교, 경주중학교 교사, 경주 굿포인트 학원 원장.

호수

고요한 황혼 무렵의 호수
어둠보다 잔잔하다.

석양이 나무와 돌들을
그림자로 수놓고
곧 다가올 밤에 맞춰
시간을 멈춘다.

지리멸렬한 바람의 입김

멈춰버린 시간을 깨뜨리고
호수에 비치던 모든 것을
어둠으로 잠재우려 했지만

달빛이 하늘에 나타나
석양을 대신하네.

화분

꽃을 키워보니
화분이 왜 비싼지 알겠다.

화분이 좋아야
꽃도 예쁘게 피더라.

너라는 꽃을 피워내는
나는 좋은 화분이고 싶어라.

우영숙

문학박사, 국제사이버대 특임교수, 인사동시인협회 부회장.

양파

어제 남편과 말다툼 했다
진심은 눈물을 부르는 걸까?
울컥했던 눈물이
마음과 버무려져 흘러내린다

양파를 다듬는다
붉은 껍질 속 벗겨도 벗겨도 똑같은
마트료시카 모습

칼끝을 스치자마자
속상한가 보다
한 조각씩 저며질 때마다
매운 눈물이 나에게 전이된다

조용히 다가와 같이 울어준 양파
제 몸은 온통 한 방울 눈물이면서
상처를 드러내지 않고 우는 강바닥 같다

수없이 상처를 받지만
양파의 속처럼
늘 똑같은 모습으로 일어서는 날들

국수 레시피

뭉쳐진 자음 모음 곱게 치대여
원고지에 얇게 펴 놓는다
흰 지우개로 지워가며 줄이고 늘여
먹기 좋게 만든다

파일에서 싱싱한 재료 찾아 넣는다
거친 거 갈아내고 물러진 표현들을 잘라낸다
곱게 다듬어진 재료를 솥에 넣는다
더 하기도 하고 빼기도 하며
가식이나 불필요한 것들의 김이 빠진다

원고 밖으로 흘러내리는 거품들
간을 본다 통통하고 쫄깃해진 시어들
옛 기억을 떠올리는 시향이 가득한 국물 맛

시작은 늘 흔들린다지만
그래도 왠지 딱 떨어지지 않는 맛
생각해 보면 유년에 엄마가 삶아주신
국수 같은 시를 쓰고 싶다

우태훈

2007년《좋은문학》시인등단, 한국문협 정책개발위원, 성동문협 사무국장. 현대작가회 회원.

안개꽃

어쩌면 그러냐
아침에 피는가 싶더니
끝내 사라졌네

그는 아무것도
바라지도 원하지
아니 했잖아

진실로 그가 원한 건
우리의 행복이었어

그런 그에게
예쁘다고 칭찬 한 번
아니했구나

어쩌면 그러냐
해도 해도 너무 했잖아

다시는 볼 수 없는
외로운 인생

이유 없이 부는 바람이 어디 있겠는가

당신의 가슴에도
서울의 하늘에도
한반도 하늘에도

그 바람은 바다도 건너리
그 바람은 불빛을 실어
날으리

그 바람은 새로운 아침을
선물로 가져오리라

우리 모두 손에 손잡고
새 아침 맞이하러
길을 나서자

이유 없이 부는 바람이
어디 있겠는가.

원용우

1975년 《월간문학》 시조 등단, 시조집 『어머니의 길』 외, 한국교원대 명예교수, 원주시 문막읍에 〈여강문학관〉 건립.

학문 탐구

한 평생 광맥 찾아
굴속으로 들어갔다

땀범벅 곡괭이질
결국 나(我)와 싸우는데

한 움큼 금 캐기 위한
광부놀이 즐겁다.

별처럼

더도 말고 덜도 말고
별처럼 살고 싶다

길 잃은 사람에게
길을 찾아 빛을 주고

외로운
사람에게는
사랑의 눈길 크게 주는.

유경자

한국문인협회 회원, 한국예총경기도연합회 표창장 수상, 시집 『그 강가에 서면』

발자취 따라

토실 구름 흐르는 인왕산 아래
아름다운 청와대 길 따라
선조들의 숨결 느끼면서

줄지어선 행렬 속
모과 향 배어 나오고
잔디 위에 떨어지는 단풍잎
귀빈들 치맛자락 보는듯하다

높고 멀었던 곳
걸음마다 그들의 숨결 느끼고
오백 년 역사의 뒤안길
석불좌상 앞에 숙연해지고
오색구름 아래 경복궁 풍광
조상의 정기 받아 빛난다

잘 꾸며진 관전 관람
그들의 생활 담긴 옛일 그려보며
개울물 흐르는 숲길 걸으면서
가난한 세월 살다 가신 어머니
생각나 흐르는 눈물 감추고,

저 변하지 않고 서 있는 소나무
늘 푸르듯이 또한 남겨질 후손들
우리네 걸어간 뒷모습 볼 것이다

여름 산에 오면

숲속 풍경에 우는 새소리
오고 가는 나그네 발걸음 가볍다
푸른 산의 정기
호흡을 내쉬고 들이마시고

바람결에 실려
살 속으로 스며들고
푸르른 그늘을 선물 받은 하루
한걸음 재촉하며 생명의 온기를 나른다

한 걸음 다가서면 매미 소리
다시 멀어지는 산새 소리
간간히 메아리 되어
숲에서 피어나는 신비로운 운율 따라

갑자기 울어버린 여름 소나기
부질없이 몸뚱이만 커져서
물컹한 운동화 속 부르튼 발가락만
비좁게 산길을 걷는다

유소선

2023 격월간《작가와 함께》시 부문 등단, 별꽃시문학회 회장. 은점시문학회 부회장. 〈은점시학당〉 시창작반.

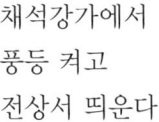

길 떠난 부모
전화 한 번 없네

채석강가에서
풍등 켜고
전상서 띄운다

아주 멀리멀리
소원 전해 주렴

꾹 눌러 쓴
마음의 편지

갱죽

세월이 가고
아버지를 닮는 줄 몰랐다

비 오고 약주라도 하신 날은
시원한 갱죽 먹자 하셨다
나는 죽이 싫어 식은 밥 먹었다

식구가 많아 갱죽이
편한 걸 이해 못했다

김치 넣은
갱시기죽이 별미일 줄

유숙희

한국신문예문학회 윤리위원, 인사동시인협회 부회장, 월파문학상 외, 시집 『자유를 꿈꾸는 씨앗』

아침 풍경

새벽부터 내리는
빗소리가 경쾌하다
툭툭 투두둑 콩 볶는 소리
참깨 볶는 소리처럼
고소한 아침의 냄새가
봄 향과 함께
손님처럼 찾아왔다

깃털 젖은 새 두어 마리도
연둣빛 이파리 드리운
나뭇가지에 앉아 비를 피하고
신록을 말갛게 세수시키며
평화의 축복처럼 내리는
이 평온한 아침이여

탁해진 나의 영혼도
씻김으로 맑아지고
찬란하게 빛나는
봄의 환희를
오롯이 보듬고 싶어라

다시, 오월

푸르른 계절, 화려한 봄
생명의 기氣가 왕성한
뜨거운 오월의 피가 흐르는
역사는 또다시 돌아왔다

민주화를 위해 희생한
영혼들은 오월이 되면
5.18 민주 묘지에서
못다 이룬 민주화 꽃을
피우고 싶어 한다
언제쯤일까
외치고 외치는 함성
메아리로 돌아오는데

또다시, 오월은 오고
가정의 달 국민의 달
뜨거운 피가 흐르는 역사는
오월과 함께 흐른다

유자효

한국시인협회장 역임, 만해문예대상 수상. 신작시집 『시간의 길이』, 프랑스에서 시선집 『은하계 통신』, 시조선집 『청자주병』 외.

북해도의 휴일
– 일본 배우 나카야마 미호를 추억하며

"잘 계시지요?"
"저는 잘 있습니다"

죽음의 강을 건너온 이에게
삶은 황홀한 것
가을의 눈부신 단풍 같은 것

치도세 공항에서
욘사마와 지우 히메는
오늘도 슬픈 이별을 하고

내 그대를 그리워함은

내 그대를 그리워함은
꿈꾸는 아이였다가
대서양을 휘감는 바람이었다가
먼 이국의 낯선 마을에 떠올라
향수에 몸을 떠는 넋이었다가
전쟁이, 질병이 앗아간 숱한 생명들
살아 있는 자들이 벌이는 축제
숨어보던 방관자
회한의 생애
이제는 그리던 고국에서
고국 그리며
쓸쓸히 쓸쓸히 늙어가노니
내 그대를 그리워함은

유호근

충남대학교 법학과 졸업, 한국문인협회 회원, 시와창작 최우수작가상, 저서 『나는 돌 너는 별』 외.

고향 집 빈 항아리에 핀 소금꽃

한여름 뙤약볕 피해 마루에 걸터앉으니
뒤란 장독대에서
텅 빈 바람 튀어 오르는 소리가 난다
사시사철 그 안에는 큼큼하며
칼칼한 젓 같은 숨결이 그득하였다

곤로 위에서 어느새 보글보글 끓는
어머니의 바쁜 손맛,
얼마나 많은 절임과
내보이지 않은 뼈마디 저림이
묻어 있을까

담겨 배어들어
쓴맛 짠맛 어우러져 진맛나도록
하늘 보고 열어 두어라
새소리 바람 소리 할머니 구시렁 소리
그저 받아들여 잠재워 두어라

긴 기다림의 발효 시간 지나고
어머니의 절여진 육신만 남아
바닥까지 닥닥 긁어 가버린

고향 집 빈 항아리에 언뜻언뜻
하얀 소금기가 붉은 석양빛에 반짝인다

석류의 눈물

붉게 붉게 물들어가며
등줄기 굵은 땀방울 어지럽고
고개든 이마에 주름진 노란 현기증

돌아서서 올려본 하늘에
그리움 번지듯
젖어오는 눈시울이 시큼하다

모질게 살아온 세월 속으로
물오른 가슴 이토록 빨갛게
씻어 말린 저녁노을 닮은

윤석산 尹石山

제주대학교 명예교수, 한국문학도서관 구축, 제15회 윤동주 문학상 수상.

접 목

봄날, 접목된 가지
파르스름하게 돋는 새순은
애초 그 진통을 생각케 하는
내 여인의
눈언저리
마알간 웃음꽃입니다.

엽맥마다 눈부신 비늘을 털고
화안한 공간을 열어가며
흔들리는 꽃잎의 리듬과
달랑거리는 말방울 소리와 청사靑紗 초롱
그렇게 아름다운 말씀의 행렬이 있지만

꽃잎 진 자리
터지는 합창
열매 맺히는….

푸른 순수가
안개처럼 내리는 봄날
햇살 속 해살대며
새순 돋음을 보면

과피果皮 벗길 은빛 과도와
대목 도리던 아픈 웃음을 생각케 합니다.

무 녀 巫女

태화산
골짜기
애기 무당
오이동지 같은 궁뎅이를 흔들며
궁글채 가락으로 달빛을 찍고
열채 가락으로 전생을 헤저어
뽑아내는 목소리
저승길 달여울
건너는
뱀이
된다.

이광희

신문예문학회 부회장, 양천문학 자문위원, 담쟁이문학 자문위원, 시집 『무한임대』 외.

푸른 혈서

나라 빼앗긴 슬픈 언어들
뼈마디가 깎이는 아픔이
삼천리강산 일으켜 세우다

붉은 피 뿌린 푸른 혈서는
서릿발로 국권을 되찾으려
애국지사들 선혈을 조국에 바치다

일본제국주의자들에게
나라 빼앗긴 설음을
하늘도 울고 땅도 통곡하다

삼천리 금수강산
모국 품에 후손들에게 안겨 주려고
안중근의사 푸른 혈서 쓰시다

2025년 8월 15일
광복80주년 광복절 맞이해
환생의 혼불로
대한민국 민족의 후손들
푸른 혈서 가슴 뎁히어 지피다

스마트폰

조카가 보낸 봄
손 안에 배달이 왔다

폰 안에 있는 봄을
오래 보고 있다

매화 개나리 진달래
어울려 피고 있다

작은 손에 핀 봄
봄날을 저장하고 있다

작은 터치로
서로 꽃잎을 물고 웃는다

푸짐한 하루
물소리 내며 흐르고 있다

이 봄 날 을
누구에게 보내고 픈데

이규석

수필가, 문장인문학회 회원, 〈수필과 지성〉작품상 외, 에세이집 『신명난 탈출』

오 마이 갓

 탁한 봄! 공해 때문에 몇날 며칠 앞산의 윤곽마저 흐릿해졌고 기분은 희뿌연 날씨만큼 우중충해졌다. 바람난 삽살개처럼 어디론가 빠져나가고 싶어 몸이 근질거렸다. 마음마저 들썩거리면 어딘가로 떠나야 했다.
 어디에 행복이 있을까? 짐을 싸서 제주로 날아갔다. 유채꽃만 찬란하였지, 그곳도 맑지 않은 봄이었다. 황사가 한라산을 통째로 삼켰고 심술이 난 바다는 열흘 내내 일출도 일몰도 보여주지 않았는데 뉴스는 연일 중국 탓, 우리 탓하는 타령뿐이었다.
 도대체 천국은 어디 있을까? 켜켜이 쌓아놓은 역사로 먹고사는 나라, 로마행 비행기에 올랐다. 천국이 궁금해 몰려든 사람들이 강물처럼 넘실거렸고 나도 따라 흘러 시스티나 성당에 이르렀다. 아, 미켈란젤로! 고개를 들어 〈천지창조〉를 만났다.
 "넌 여기 왜 왔느냐? 난 너를 축복하고자 손을 내밀었건만, 너는 그리 오만한 자세로 손가락 하나만 내미느냐?" 우렁우렁한 나무람이 들려왔다. "있잖아요, 하느님. 제가 공연히 삐친 게 아닙니다. 왜 제겐 일만 주시고 품삯은 적게 주셨습니까? 제 깡통은 언제나 빈 깡통이었어요" 교황청 높은 담벼락 틈새로 노란 민들레 한 송이 피어올랐지만, 내가 따라 오르기엔 너무 높은 벽이었다.
 만발한 예술은 남겨두고 시꺼먼 그림자만 불퉁하게 키워서 돌아왔다. 허기진 배로 밥상머리에 앉자 아내가 끓여낸 된장찌개에선 평화가, 묻혀낸 머위나물에서는 봄 향이 물씬했다. 오 마이 갓! 앉은 자리가 꽃자리였다.

앞쪽형 인간

가을이 무르익어가는 어느 날, 아내와 함께 부산 딸네 집에 가는 길이었다. 고속도로를 한껏 달리다가 휴게소에 들러 커피를 한 잔 마시고, 팔다리를 흔들어 몸을 풀고 허리를 펴 하늘을 한번 올려다본 다음 다시 차에 올랐다.

필부필부匹夫匹婦인 주제에 어찌 감히 동일소천同日召天을 바라랴, 우리 부부는 누군가 핸들을 잡으면 다른 한쪽은 뒷자리에 앉게 되어있었다. 그날은 내가 운전대를 잡았으니, 아내는 의당 뒷자리에 앉았다. 차가 서서히 휴게소를 떠나 고속도로 본선에 들기 위해 진입로를 막 오르는데 핸드폰 벨이 울렸다.

"당신 어디야?"

아내였다. 직접 말하면 될 일을 이 나이에 분위기까지 잡아가며 무슨 정겨운 대화를 나누겠다고 전화까지 거나 싶었다. 순간, 이상한 느낌에 뒤를 돌아보니 뒷자리는 텅 비어 있었다.

'뭐야, 이게 어찌된 건가?'

나 혼자 차를 몰고 떠나온 것이었다. 하늘같은 마눌님을 고속도로 휴게소에 남겨두고 내달렸으니 황당하다해야 하나, 당황스럽다해야 하나?

평생 앞만 보고 내달리느라 뒤를 돌아보지 못하던 사내가 또 한 건 크게 저지르고 말았다. 매사 마무리가 약해서 낭패를 당하면서도 그놈의 고약한 버르장머리는 꼭 중요한 때를 기다렸다가 골탕을 먹이곤 한다. 아내는 쓰레기를 버리러 잠시 내렸다는데 나는 왜 아무 소리도 못 들었을까?

"내려갈 때 보았네/ 올라갈 때 못 본/ 그 꽃"

고은의 〈그 꽃〉을 난 내려올 때도 보지 못했다. 마음이 그 자리에 없었던 것도 아닌데, 보아도 보지를 못했으니 어찌하면 좋으랴. 낭패로다 낭패! 차창 밖엔 낙엽이 흩날리고, 들판엔 검붉은 저녁노을이 애처로웠다. 뒤를 돌아보지 못한 사내는 오늘 밤 별 보고 벌벌 떨 일만 남았다.

이규원

시인·시조시인·문학평론가·수필가, 재경고성문인협회회장, 한국문예문학대상 외.

꽃반지

들판엔 자운영꽃*
제비꽃** 파랭이꽃***

봄이야 오건 말건
순정이 익어가네

꽃반지 매어주던 순이
환한 미소 그립다

　　* 자운영(紫雲英) 꽃말 : 순수한 사랑 (4~6월 개화)
　　** 제비꽃 꽃말 : 순진한 사랑, 진실한 사랑, 겸손, 정숙 (3~5월 개화)
　　*** 파랭이꽃 꽃말: 순결한 사랑, 진정한 사랑, 재능, 거절 (6~8월 개화)

인연 因緣

강물에 젖은 별
모래톱을 밟고 서서

속삭이는 밀어들로
나란히 한길 걷네

얼레에 감긴 명주실
누에고치 풀리듯이

＊ 인연(因緣) ①사람들 사이에 맺어지는 관계
　　　　　　②어떤 사물과 관계되는 연줄, 인연이 닿다

이근배

대한민국예술원 원장, 신춘문예 5관왕, 정지용문학상 외, 시집 『노래여 노래여』 외.

그곳이 참하 꿈엔들 잊힐리야

돌아가야 한다
해마다 나고 죽은 풀잎들이
잔잔하게 깔아놓은 낱낱의 말을 들으려
피가 도는 짐승이듯
눈물 글썽이며 나를 맞아 준
산이며 들이며 옛날의 초가집이며
붉게 타오르다가는 잿빛으로 식어가는
저녁놀의 울음 섞인 말을 들으려
지금은 떨어져서 땅에 묻히었으나
구름을 새어나오는 달빛에 몸을 가리고
어스름 때의 신작로를 따라 나오던
사랑하는 여자의 가졌던 말을
끝내 홀로 가지고 간 말을 들으러
그러면 나이 먹지 않은 나의 마을은
옛 모습 그대로 나를 받으며
커단 손바닥으로 얼굴을 닦아주고
잊었던 말들을 모두 찾아줄
슬픔의 땅, 나의 리아잔으로

노을

어디 계세요,

인공 때 집 떠나신 후
열한 살 어린 제게
편지 한 장 주시고는
소식 끊긴 아버지

오랜 가뭄 끝에
붉은 강철 빠져나가는
서녘 하늘은
콩깍지동에 숨겨놓은
아버지의 깃발이 이어요.

보내라시던 옷과 구두
챙겨드리지 못하고
왈칵 뒤바뀐 세상에서
오늘토록 저녁해만 바라고 서 있어요.

너무 늦은 이 답장
하늘 끝에다 쓰면
아버지, 받아보시나요.

이기정

아태문인협회 회장, 하이데거문학상 수상, 「우라실댁 할머니」 외.

그는 누구인가

모진 혹한에도
따뜻한 내복 한 벌 챙겨주는 이 없고

찌는 폭염에도
그늘 되어 주는 이 하나 없다

불이 나도
피할 수 없는 붙박이 운명

가지가 잘리고 몸통이 부러져도
아프다 말 한마디 못한 채
제 몸을 내어주는 생명

불평 한마디 없이
묵묵히 그 자리에 서서

다른 생명을 위해
오늘도 온 세상을
녹색으로 물들이고 있다.

막다른 골목길

점점 좁아지는 골목
끝이 보일 듯

손등으로 희미해진 눈을
문질러
다시 바라본다

가까워진 듯,
닿을 듯한 끝이
저 편에

몸 구석구석
미련처럼 걸쳐 있는
욕망을 하나씩 떼어낸다

손을 털고
차분히
때를 기다린다

참
홀가분하다

이명숙

《고흥문학》 시로 등단, 고흥문학회원, 한국신문예문학회 회원.

그날이 오면
– 광복절 80주년에

"삼각산이 일어나 더덩실 춤이라도 추고
한강물이 뒤집혀 용솟음칠 그날이 오면"
심훈의 절규가 뼈 마디마디 찌른다

피 흘리며 목숨 바쳐 싸운 독립투사들
일제 36년의 식민지에서 해방되고
대한민국 정부가 수립된 날 광복절

80년 전의 그날은 어디로 가고
스멀스멀 기어 들어오는 것을
막지 않고 받아주고 동조한 무리들

대한민국을 건국시킨 이승만
허리띠 졸라매던 굶주림을
산업화로 나라 경제 살린 박정희

역사를 감추고 왜곡시키며
휘날려야 할 태극기 대신 ××기
중국 배지 달고 의사봉 두드리는 국회의장

꽃게거미 접사

하얀 망초 꽃대 기둥 세우고
망초잎 초록색 지붕 아래
동그란 통유리창

한낮의 찜통더위 속
수컷이 짝 찾는 쓰름 매미
울음소리는 자장가 되고

소리음䍃자 같은 모양으로
꽃게거미 한 마리
어둠을 기다리며 꿈을 꾼다

순백의 꽃잎에
노란꽃술 접사 하려고
폰 렌즈 당기다

꽃게거미 단잠 깨울까
살며시 일어섰다

이명우

광주문인협회 초대회장, 13차 세계시인대회 참가(미 피닉스), 저서 20권.

산골풍경 2233

첫 사랑은
첫 사랑은

꽃이 피기 전에
날아 왔다가

꽃이 필 때는
날아가고 없는 새

산골풍경 2284

고요가 흘러오는
고요한 강가에 앉아

달 항아리 하나 옆에 놓고
고요히 떠내려오는

사연들을
달 항아리에 주워 담고 있다

이복자

현대시인협회 지도위원, 김기림문학상, 대한민국동요대상 외, 시집 『피에로의 반나절』 외, 동시집 동요곡집 외.

연필

나무 속으로 침묵이 걸어 들어가
마그마로 끓어 진리를 폭발 중이다
뚜벅뚜벅 우주를 한 바퀴를 돌아 나왔을까?
토해내는 말들 뼈대 속 골수처럼 진하게 우러나
그림을 그린다, 문장처럼
세상이 아름답다, 지우고 세상이 시끄럽다
마음이 평화롭다, 지우고 우울하다
삶이 고달프다, 지우고 그래도 살만하다
기후가 불안하다, 지우고 인간은 해결한다
100세 시대, 서로 사랑하기는 왜 이렇게 힘들까
쓰고 지운다, 지운다, 지운다
지우개 똥 속에 우주는 말려 쭈그러들고
훌 불면 못마땅한 것들은 사정없이 추락한다
그러는 사이 백지 위에 덩그러니, 몽당해진 연필심 한 채
그림으로 남은 언어의 맥을 점자처럼 더듬는
시인처럼 뭉툭해진 나무, 짧다.

해돋이, 빛을 위한

밤을 돌아 낮으로 들어서는 아침은
그 밤 해의 비밀이 출렁거린다.
붉은 비단 자락에 널린 고단했던 아우성들
하소연이라도 하듯 소망 들고 일어서는
잠깐의 긴 행렬도 반드시 어제로 묻히는 것을.
오늘이 찬란해야 함을 포효처럼 뱉어야 하는 입술로
뜨는 해, 반드시 온다는 진리를 거스르지 않는
약속의 속살, 들끓던 세상만사 수장水葬하고 떠나
밤과 뚝 떨어져 정제된 아침 시간을 밝힌다.
왜 사는지 모르면서 잘 살아야 한다고
가진 것 있어도 부족하다고 채워달라고
잘 살고 잘 먹어 생긴 이상증세, 건강하게 해 달라고
눈 마주치는 사람들의 기도에 터질 지경
그러나 해는 단 한 가지도 기억하지 않는다.
다만 어제를 지우고 아침을 열어
그늘진 곳 좀 더 살피기 위해 눈부실 뿐
오늘, 생존의 명부마저 하늘 심판에 맡기고
빛, 삶에 닿을 빛을 원하며 따라오는 무리를 위하여
해는 오로지 빛으로 밤, 낮을 돈다.

이서빈

경북 영주 출생, 동아일보 신춘문예 시 부문 당선(2014), 한국문인협회 인성교육개발위원, 시집「달의 이동 경로」외.

올챙이를 산란하는 비요일

비요일, 유리창에서 올챙이가 끊임없이 태어난다

한 마리 두 마리
끝없이 줄지어
눈썹 휘날리며 곤두박질치며 헤엄치는 올챙이
다리는 뱃속에서 속도를 굴린다
볼록한비밀에 싸여있던 앞다리 뒷다리
뽕알 뽕알 뽕알 뽕알
우주 깨고 밖으로 나오면 전생을 까맣게 잊는 순간이다
뱀눈알 냄새가 번지는지
체온보다 뜨거운 속도로
휘릭휘릭 유리창 거침없이 질주하는 올챙이
겨우내 땅속에서 어미 젖꼭지 빨면
촉촉한 휘파람 조용히 불어주던 아비 정이 아니라
올챙이는 뱃속에 두고 온 다리를 찾아 달리고 있었던 것이다
투명한 헤엄은 올챙이 울음이었다
마음심지 낮추고 보니
개구리는 눈속에 붓다의 염주알 굴리며
올챙이의 무사함을 비는 게 보였다

올챙이국수가 되지 말고 제발, 개구리가 되라고

지렁이 하혈하는 밤

여보게, 지렁이 흐느끼는 소리 들리지 않는가!
죽은 지렁이 혼 땅에 내려앉지 못하고 산허리 강발치 자욱한
안개로 떠돌고 있네
세상 불 켜지고 꺼지는 일, 모두 지렁이 환영幻影일세
징그러운 몸뚱이라 희롱하지 말게
죽은 영혼에 쌀 한 숟가락 넣어주듯
종種 영혼 한 톨 부활위해
밖을 숨기고 흰 배로 중력을 걷어내며
꿈 틀 꿈 틀, 제 안의 온도 이식하는 것 좀 보게
누가 자신의 몸 저 지렁이인줄 알겠는가!

살충제 먹은 지렁이 하혈소리 지구를 적시고
속이 타 땅위로 올라오다 땡볕에 녹아
여기저기 시체 끌고 가는 불개미 운구 행렬 보이지 않는가!
마당 한 쪽 흙, 흑흑 바싹 말라 푸석한 지렁이 눈물소리
그건 세상에 위험이 급물살로 달려오고 있다
위급 알리는 통곡일세

만물의 영장 인간 파릇파릇 숲
모든 생명체는 우리가 살아보지 못한 모퉁이 안쪽에서
지렁이가 종야終夜 토해낸 눈물 한 점일 뿐이란 걸
자네는 아는가!

이석곡

소설가 · 충남 적산 生, 시인, 탐미문학상 외, 장편소설집 『아버지의 눈물』 외, 시집 『혼자 부르는 노래』 외.

역경

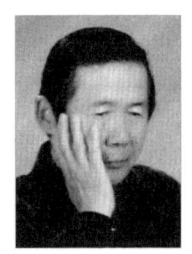

강가에 서 있는 물푸레나무가
그냥 그 자리에 서 있는 게 아니다

그의 심장엔 금을 긋고 지나간
태풍이 자리 선명하고
폭우에 아슬아슬 맞은 허리
구부정히 서 있네

주저앉지 않고
살아있어 장하다

모든 역경 이겨낸 너의 모습
우리에게 힘내라
슬기롭게 견디며 극복하라
손짓하며 응원하는

강가의 물푸레나무의 삶을 보며
나 이 자리에 서 있는 게
그냥 서 있는 게 아니네

영동

맑고도 맑은 청정 지역
산과 산 사이에
금강이 흐르고

능수버들 칭칭 늘어지고
연꽃 속에 하늘을 물들이고
물새와 잠자리 친구되어
연꽃에 앉자

콧노래 부르는 이 누구인가

이수영

한국시협 상임위원, 한국여성문학인회 이사, 천상병시문학상 외, 시집 『무지개 생명부』 외.

누워있는 시인, 마르크샤갈*

목화꽃 만발한 하늘 머리에 이고
망아지 한가로이 풀을 뜯어라
어미 말의 마음도 달고 달아라

나무 그늘 아래 생각하는 중절모
만년필과 스케치북, 바이올린—
시인은 눈으로 그 모든 것 다 가진다

그러나 가진 것 없어라
목화꽃구름 피고 또 피어나고
인생은 흘러 흘러서 가고
시는 인생을 사랑한다

시인은 죽어도 살고
인생은 흘러간다
시인은 살아도 죽고
인생은 시를 춤춘다

* 가곡 〈누워 있는 시인〉 조용진 작곡, 송기창 바리톤

여인 램프, 피카소

새파란 눈동자 당신 안에 내가 살죠
내가 나를 볼 수 없어 하늘은
당신을 거울로 내 앞에 세웠죠
당신의 가슴 속 천사를 사랑합니다
내가 하늘을 숨 쉬는 까닭입니다

비구름으로 만난 그날
그 황홀을 기억하나요
하나의 빗방울은 하나의 얼굴
늘 그러하듯 우리의 입맞춤은
대지 위에 리라 꽃을 피웁니다

어제도 오늘 내일도
우린 무엇 하나요
키스 키스 키스는 생명입니다
사랑은 흘러 흘러서 목이 마르죠
우리는 여전히 사랑의 목숨을 바칩니다

이순옥

한국문협 회원, 신문예문학회이사, 현대문학사조 회원 저서 『월영가』『개기일식』 외

꿈 넘어 꿈

이름 없는 들녘의 꽃이래도 감히
밟고 갈 수 없는 건
이유 없이 피고 지는 꽃이 없기 때문이다
목적 없이 흔들리는 꽃이 없기 때문이다
떨궈 버린 꽃잎들이 다시금
대지를 파고들며 새순으로 피어나기 때문이다

미려한 봄날의 꽃봉오리
아지랑이가 날개를 달고
봄을 나르고 있는 날
봄은 가히 눈물겹다
말 한마디 한마디가 가슴을 찢고
서글픔을 터트리고 애틋함을 흩뿌려서
내게 없는 도피처를 찾는 꿈
내 안의 파랑새를 찾는 일

곶자왈

가끔 거미를 떠올리기도 해

주변을 둘러싸고
서서히 눌어붙고 번져 가는 모습을 보고
거미줄에 걸렸던 먹잇감들의 껍질이
먼지에 뒤덮여 알 수 없는 형체로 부풀어가듯
나는 그 부푼 형체 속에
이끼류, 양치류, 초지성 식물, 화초류 등을 숨겨두곤 했지

나는 자연의 허파
제주 생태계의 생명선
불모의 땅이 아닌
한라산과 해안 지역 사이의 환경적인 완충 기능을 하며
멋진 내 모습을 중심으로 하는
관광 자원의 기능을 담당하기도 해
떠도는 냄새와 아주 기민한 촉감으로
먹잇감을 향해
다리를 뻗을 준비를 하는 거미처럼

이순자

순천대학교, 백일장 다수 당선, 한국문협·현대작가·인사동시인·순천문협·김승옥문학연구 회원, 시집 『홀씨 되어 나비 되어』 외.

평화의 소녀상

태양빛 사라져버린
어둠의 참혹한 나날
억장이 무너져 내리고
목 놓은 절규는
무자비한 총칼 앞에 숨죽였다

새파랗게 얼어붙은 심장에
통한의 울분 끓어오르고
차마 말할 수 없는 슬픔
끝까지 숨기고 싶었던 치욕
투명한 하늘 향해 손 모아 올렸다

모진 세월 덧없이 가고
아물지 못한 상흔 송이송이
무능한 시대 혼탁한 세상에, 여직
처절한 나신으로 외로이 섰나니
이제는 반드시 진실의 역사를 새겨야 하리

못 박힌 걸음걸음 돌고 돌아
평화를 갈망하는 나비가 되어
그리운 고향 아늑한 땅에 비바람 불기 전

청초한 모습 나폴 거리는 꽃으로 돌아갈 수 있다면
정의와 평화를 갈망하는 따스한 손길 굳게 잡으리라

유관순

당신의
그 뜨거운 외침
역사의 강을 건너
빛으로 이어져 흐르고

당신의
그 숭고한 정신
80년의 소용돌이에도
자유란 무엇인지 가르치며

당신의
그 거룩한 이름
우리네 가슴, 가슴에
뜨겁게 살아있습니다

이승하

중앙대학교 문예창작학과 교수, 1984년 중앙일보 신춘문예 시 당선, 편운문학상 수상 외, 시집 『생애를 낭송하다』 외.

부활하는 새들

세상의 모든 바람을 깨워놓고
어둠을 쪼고 있는 새의 무리
하늘이 죄다 너희들 것이다
앞에서 이끄는 우두머리 새를 따라
열두 제자처럼 따르는 새의 편대

새벽의 끝이 아침이 아닐 때
육지의 끝이 바다가 아닐 때
마침내 이 지구에 종말이 온 것 같다
고갈된 힘의 원천들,
세상은 온통 잿더미 혹은 쓰레기 더미

무덤 들어설 곳 없는 공원묘지 너머로
새들이 힘차게 날아가고 있다
가는 길을 아는 새들은
천둥 번개 속에서도 전율하지 않는다
절망하지 않는다

별의 행로를 따르지 않는 자에게
한 옛날 선지자가 말하였다
딸을 팔아넘기고 아들한테 죽으리라고

한 옛날 신의 아들이 말하였다
나를 배신하고 팔아넘기리라고

유사 이래, 인간은 무기를 개발해왔고
새들은 하늘을 지켜왔다
엄동설한에도 폭풍전야에도 날개를 퍼덕이며
공장 굴뚝의 검은 연기를 뚫고
먼 하늘로 무리 지어 사라진 새들

유사 이래, 땅을 지배해온 인간의 무리
석탄도 고갈되고 석유도 동이 나고 원자력을 믿었다가…
삼삼오오 모여 하늘 우러러보며 울고 있는데
장엄하다, 하늘의 사방연속무늬
예감으로 눈뜬 새들이 모여서 무늬를 그린다

하늘을 까맣게 물들이며 힘찬 군무로
자신의 존재를 이렇게 증명하는구나
계절이 바뀌자 또다시 나타난 새들
또다시 하늘을 채우겠다는 듯이
작은 몸으로 일제히 솟구친다

이영순

시인·수필가, 담쟁이문학회 회장, 문화예술진흥회 작가상·수필상·문학대상, 시집 『민들레 홀씨 되어』 외.

세상엔

꽃도 바람도 그림자까지
너무 외로워서 몸살을 하고
강물도 외로워 바다로 다림질한다
외로운 세상
생각의 좁은 길은 시간을 힘들게 하고
풍족하지 못한 사랑은 마음을 병들게 하는데
달콤하지 않아도 좋다
사랑을 한들 얼마나 하겠나
그저 다시는 몸살 나질 않길 바라며
한 움큼의 바램을 목구멍으로 삼킨다
삶의 진실한 벗님 하나 있으면 축복인데
고장 난 가슴들이
그마저도 어디 그리 쉽다던가
홍수처럼 많은 인연
평생을 사랑하다 지친 사람
모두가 틈새로부터 아파하지 않았으면,
넓은 길 위에 모든 걸 내려놓고
해마다 거듭나는 아름다운 나무처럼
바람 앞에도 단단한 가슴이고 싶은데…
갈대 같은 마음은 늘 우리를 자기 맘대로 몰고 다닌다.
너도나도 바보처럼 달콤한 사랑 때문에

사람들은 울면서도 끝없이 행복을 찾아 헤매는 방랑자들 같다.

꽃말의 바이러스

파란 화단에
꽃씨를 심었다

잘 익은 꽃살에
나비가 길을 낸다

이름 모를 새들은
높은 하늘을 따며
나뭇가지에 창문을 내는데

변두리 시간표에
삶의 무게를 덜어내며
바람에 앉을까 하다가

나 걸을 수 있고
나 바라볼 수 있기에
비로소 나는 꽃 이름 하나가 된다.

이오동

한국문인협회·인사동시인협회 회원, 대지문학상대상·한용운문학상 수상, 시집 『먼지의 옷』 외.

격렬비열도

해무가 걷히자
한 폭의 수묵화가 피어난다

하늘에는 새들이 줄지어 날고
바다에는 파도가 달린다

망망대해 우뚝 솟은 세 개의 봉우리
이곳에서 새들은 방전된 하늘을 충전한다

7000만 년 전 중생대 백악기에
화산 폭발로 태어난 화산섬
암벽에 둘러싸여 사람의 손길을 밀어내고
저 홀로 푸르다

따개비가 주상절리에 다닥다닥 꽃처럼 피어나고
쉴 새 없이 갯바위를 두들기는 포말은
떠나간 옛사람들을 부르는 것일까

새벽녘 물 건너 이국땅에서 닭 우는 소리
들렸다는데, 노을이 드리운 인적 없는 바다에는
물비늘만 반짝이고 있다

괭이갈매기 울음 파도에 서럽다

손등

왜놈들이 강제로
처녀 공출만 하지 않았어도
당신한테 시집오지 않았을 꺼여
그 못된 놈들 때문에
이 고생을 하고 있는 디 날 구박혀요
원망스런 눈길 크게 한번 흘기고는
엄마는 마음의 고랑을 찾아 들 건너
주름살 같은 다랑이 밭으로 향했다

외할머니는 왜놈들에게 막내딸을
빼앗기지 않으려 급하게 혼례를 치렀다 했다
고래 등 같은 외갓집을 갈 때마다
외할머니는 말을 잇지 못하고
미안하다 미안하다는 말만 하셨다
얼마나 힘드셨을까

괜찮다고 외할머니를 달래던 엄마의
지글지글한 삭정의 손등

이옥

경남 거창 출생, 월간 문학세계 등림, 한국문인협회 회원.

202호

물고기 아파트에 방문했어요
거기도 명당이 있는지
202호에만 청약자가 바글바글하고
나머지에는 한산 했어요
3층엔 음흉하게 생긴 물고기 한 마리
독차지 하고 다른 물고기는 얼씬도 않았어요
도둑인지 깡패인지 전염병자 같지는 않았어요

넙데데한 얼굴
전복을 먹고 살아 전복같은 입술
미역치 빼드락지, 용빼드락지
이름도 해괴해서 괴도라치
용빼는 재주가 있는지
혼자 턱하니 명당을 차지해
다른 물고기는 엄두도 못내고
옹기종기 모여들어
얼굴만 쏙 내밀고 복잡거려요
빈집도 많은데
202호만 비집고 들어오는 붕장어

사람이나 물고기나 명당 앞엔 모두 맥을 못추나 봐요

바람고삐

숨 쉴 수가 없어요
바람고삐가 휘도록 더워
끌려가지도 못하고 앞발로 버티지만
머리채라도 끌고 갈듯 그악스런 더위
사상 최악 기록적 폭염
세상을 모두 익힐 듯이 펄펄 소리를 지구에 깔아
더위에 갇힌 자연
에어콘 실외기는 뜨거운 입김
밖으로 휘잉휘잉 뿜어내
못 견디겠다고 소리 지르는 뭇 매미 아우성

온열질환자 수천 명,
닭 오리 돼지 폐사
수온 올라간 양식장 우럭 도다리 넙치 떼죽음
나뭇잎 사이에서 뻘뻘 땀 닦던 석양
용광로 같은 오늘을 떠밀고 가네요

여름인데 바람도 익어버리면 어쩌나요?
여름 훌렁 벗고 엎드려 물바가지로 연거푸 더위 씻는 그늘
우물에 넣어두었던 줄무늬수박 두레박질해서 먹으며
바람고삐 잡고 놀던 평상이 생각나네요

이옥진

시인협회회원, 여성문학인회 부이사장 역임, 이대동창문인회 이사, 바움 작품상 수상 외.

종소리

저 울려 퍼지는 종소리처럼
너에게 비움을 말할 때가 아직 아니다
목숨 같은 날들 배밀이로 온 힘 다해 닿은 해안가
비움과 겸손을 읽기까지
우리가 자욱한 안개를 헤치고
마음 자락 흔들어 깨우며 세월을 포박한 날들
산을 이룬다
끓어오르던 이유 없는 조용한 의문도 분노도
시나브로 잠재우지 않고서는 이 바다에 이르지 못하였으니
네 몸을 건너지 않으면 닿을 수 없는
시간의 외딴 해변
허락하지 않아도 이곳까지 떠밀려 와서야
텅 비어 멀리 울려 퍼지는 외로운 종소리의 여운을 읽는다
어쩔 수 없이 너에게는
순풍을 기원하며 출항의 뱃고동 소리 울려 가야할 길이
길고도 험해
내 목 놓아 울기까지 텅 빈 시간을
끝내 이야기 하지 못한다
마침내 너 또한 이 길을 가야하기에

마음의 내력

마음이 동토에 서 있으면
겨울을 견디는 꽃이 더 아름답다
다가가고 싶은 따뜻한 남쪽나라 향한 열망은
밤낮으로 쉼 없는 날갯짓 고단한 외로움의 시간
모든 것은 제 마음의 내력일 뿐
지난한 겨울을 모르는 한해살이풀도
한 生을 살아내는 것임을
시도 때도 없이 꽃 피우고 쉬 함박웃음 머금어도
이제사 온 몸이 딛고 서 있는 저 辛苦 예사롭잖다
大地가 품는 넉넉함이 세상 밝히는 힘인 것
저 혼자만의 허공 등에 지고 오르던 신열
시베리아 북풍에 봄날 아지랑이 아련함에 끌리는 것은
되돌아 올 새벽이 있어 긴 골목길 어스름
혼미한 강물로 흘렀나보다
아무것도 더 이상 알려고 하지 않은 채
흐르는 한 척의 흰 돛단배

이옥희

부산대학교 국문과 졸업, 1957년 『학원』주최 전국학생콩클 시 〈점유〉 당선, 도미 유학 O.A.C 과정 졸업, 조연현문학상 외, 시집 『바람의 그림자』 외.

그 외침 혼불 되어
- 용산 부군당 유관순 열사비 제막식 낭송 추모시

오늘 우리가 평화롭게 걷는 이 길이
우리가 아름답게 바라보는 저 하늘이
그냥 갖게 된 것이 아닙니다
잔악한 일제의 창검이 산하를 찌르고
찬란한 역사를 짓밟던 기미년 삼월
수도 서울 거리마다 들불처럼 타오르던 함성
태극기가 분노로 물결치던 만세 소리
그 소리 속에는 열여섯 소녀 유관순 열사의
단단한 목소리가 있었습니다
고향 병천으로 향한 피 끓는 가슴이 있었습니다
매봉산 봉화대의 횃불을 신호로
아우내 장터에서 봇물 되어 터진 독립 만세
아버지가 쓰러지고 어머니가 쓰러지고
오 천지신명이시어
이 나라를 버리시나이까
이 민족을 버리시나이까
울부짖으며 울부짖으며 맞서다가
영어囹圄의 몸이 되어 갇혔습니다
갇혔어도 멈출 수 없는
"대한 독립 만세!"
"대한 독립 만세!"

벽을 넘고 울타리를 넘어
노도처럼 일어서다 떨어져 간
열일곱 민족의 꽃이여
그 의로운 외침 하늘에 닿아
해마다 이 땅의 삼월은
열사의 목소리로 꽃이 피고
햇살 맑은 바람이 붑니다
이제 우리의 수호신이 되신 열사여
오늘 이 유서 깊은 부군당 터에
또 하나의 혼백을 심나니
그날의 강철 같은 절규
그날의 비원이 영원토록
우리를 일깨우는 종소리로 퍼지소서
이 산하를 적시는 봄비 되어 내리소서
봄비 되어 내리소서.

이의숙

충청남도 공주 출생, 《신문예》 공모 시 당선, 〈성북문예창작회〉 유지화 교수 시창작 교실, 공저 『짧은 글 긴 호흡』 외.

달빛을 본 꽃잎

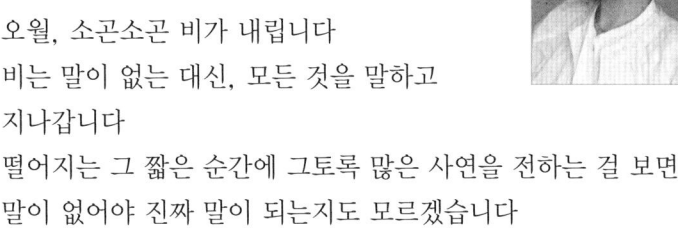

오월, 소곤소곤 비가 내립니다
비는 말이 없는 대신, 모든 것을 말하고
지나갑니다
떨어지는 그 짧은 순간에 그토록 많은 사연을 전하는 걸 보면,
말이 없어야 진짜 말이 되는지도 모르겠습니다

아래를 내려다보니 알겠더군요.
내리는 빗방울이 초록을 더 초록답게 만든다는 것을.
그 초록에게 편지를 쓰고 싶어졌습니다

편지를 쓴다는 건 결국 말을 하고 싶다는 뜻이고
말을 한다는 건 누군가와 마음을 나누고 싶다는 것이며
그 모든 건
당신을 보고 싶다는 말일 테지요

비 오는 날, 꽃들은 더 아름답습니다
빗물에 젖은 꽃잎은 색을 더 짙게 머금고
향기는 젖지 않은 채 공기 속에서 탱글탱글 살아납니다

그런 날엔 사라지는 것도 가슴에 물들지요
기억이란 젖은 꽃잎처럼, 희미하면서도 선명하게 남습니다

하얀 꽃잎을 보세요
달빛 조각 하나 떨어져 앉은 듯하지 않나요
저 꽃잎은 달빛을 본 적이 있을까요

밤을 견뎌낸 꽃잎은
아침 이슬을 만나 또다시 방울처럼 빛납니다
비와 달빛과 꽃잎과 당신,
그 모든 것이 오월엔 이야기가 됩니다

이의영

서초문학회·세계시문학회 감사, 한국작가연대 이사, 한국신문예학회 지도위원, 백두산문학상 외,
시집 『길 떠나는 마음』 외.

빌어 우는 바람 소리

영!
당신은 달빛 어린 천변 둔치
갈대숲 빌어 우는 바람 소릴 들은 적 있습니까
형체가 없고 눈물이 없어서
갈대숲을 빌어 우는 바람 소리
그렇게 먼 길 달려와
붓고 아픈 다리 때문에
영!
당신은 밝은 달 아래 냇가 방죽
대나무 숲을 빌어 우는 바람 소릴 들은 적 있습니까
달빛 타고 귀뚜라미 소리 따라온 바람이
대나무 숲을 빌어 우는 바람 소리
그렇게 먼 길 달려오고도
대나무 숲에 머물 수 없고
어디로 가야 할지 몰라
영!
천변 길 걸으며
갈대숲 대나무 숲을 빌어 우는 바람 소릴
들으며 걷던 걸음이 돌부리에 차여 비틀거립니다
밤이 깊었나 봅니다
집에 돌아가 누우면 잠이 오려는지

모퉁이에서

골목길로
거센 회오리바람이 불어가면
낡은 창문은 덜껑덜껑 흔들리며
할퀴고 간 시간의 이빨을 원망하고
반 지하방에서는 곰팡이 냄새가
바람보다 앞서가고
모퉁이 집 옥상에서 펄럭거리는 빨래들은
주인을 찾는다

그 모퉁이에서 새사람을 만나기도
알던 사람을 놓치기도
뜬금없이 술래가 되어 울기도
그리고 감당이 안 되는 일을 만나
숨기도 돌아서 피하기도 하다 얻어맞고 비틀거린다

그런 모퉁이에 들 때마다 불현듯
저 높은 곳에 있는 분에게서 받아 든 열쇠는
나로선 열 수도 닫을 수도 없는
세월이 매달린 운명의 열쇠다

이인복
경기도 남양주시 출생, 시문학 등단, 시집 『너의 닻 산에 내리고』(1994) 외.

이석영

별이도다
시대의 초인이여
상하이 빈민가를 전전하며
두부 비지로 연명하다 아사한
저 삼한갑족의 후예여
애처롭고 애석하도다
만여 석의 재산가였던 대부호
잃어버린 나라를 되찾으려는 혈성 하나로
전 재산을 처분하고 망명한 서간도
경학사耕學社를 세우고
신흥무관학교에는 교장이 되어
독립군 양성에 힘써 이바지한
오로지 나라와 민족을 위해
혼신의 노력을 바친 그 위업
어찌 잊을손가
위대하도다 그 결의
만고의 역사에 길이 새겨
높이 우러르는도다

두렛일

봇도랑을 친다
모내기를 위해서
그 봇물을 쓰는 농부들
겨우내 무너지고 막힌 곳
이영차 이영차
삭고 낡아버린 개울둑
다시금 나뭇가지 덧댄다
삽질에 지게질에
털랭이국수 막걸리도 힘을 보탠다
하햐허혀호효후휴흐히
황금 물결
꿈꾼다

이인애
한국신문예문학회 사무총장, 제11회 월파문학상 수상, 공저 『마음의 평안을 주는 시』 외.

안중근
– 영화 하얼빈

제국주의 횡포와 을사늑약 만행
죽느냐 죽이느냐 운명의 기로에서
왜군 포로를 긍휼히 여겨 석방한 안중근

전장에서 적군에 덕을 베풀었건만
후환으로 되돌아온 뼈 때리는 업보
수많은 아군 동지의 목숨을 빼앗겼네

대동강 빙판을 자결하고자 맨발로
헤매돌며 얻은 큰 깨달음의 발로
"내 목숨이 내 것만은 아닌
앞서 간 동지들의 몫일진대…"

비장한 단지와 피로 쓴 뜨거운 분노
대한의 독립주권을 침탈한 원흉
이토 히로부미의 심장을 겨누었다

러시아 하얼빈에서 시작된 포효
코레아 우레! 대한독립만세!
세계만방에 가열하게 울려 퍼지다

스크린과 현실이 박진감으로 이어져
울컥하는 애국심에 불을 댕기는 오늘
우리 가슴속 염통이 뜨겁게 벌떡인다

동백

한 맺힌 겨레의 혼
가지마다 진홍빛 등불을 밝혀
고색창연 수놓은 남녘 하늘
순국열사의 정기 혈관에 새겨
한겨울 꽃을 피워낸 불굴의 의지
주야장천 비나리 밝은 조국의 앞날
한 가지 염원으로 빚은 결 고운 향기
풍찬노숙 불사한
구국 전사의 넋이런가
4월 어느 날
죽어도 뜻을 흩트리지 않으리
단박에 통째로 낙하하니
지조마저 드높구나
내딛는 발자국 발자국마다
선혈이 낭자한 애끊는 충절

이정숙

2023 격월간《작가와 함께》시 부문 등단, 별꽃시문학회 사무국장. 은점시문학회 회원.

달 뜨는 날

줄 타며 고치 짓던 날
아버지 얼굴에 보름달 뜬다

빈 지게 지고
산에 뽕잎 따러 가는 아버지

한 상 받은 누에잠이 들고
오디만 따 먹은 딸도 잠이 든다

돌아갈 수 있다면
뽕잎도 땄을 텐데

오늘 밤 달빛 속에
갈라진 손등 보인다

핑계가 생겼다

손잡고 재잘대며 신이 난
소풍 길

농사일 바빠 함께 못 온
울 엄마

화가 나서 걷어찬 돌멩이
발이 아프다

친구가 건네주는 사이다 한잔
눈물 나는 소풍날
핑계가 생겼다

이정식

대구 출생, 《영남문학》 시부문 등단, 한국문인협회 경산지부 회장, 시집 『정식 두 그릇』 외.

소묘

잘 익은 사과 한 알 세워
빛 흐름 훑어보았듯이

나가는 것 반대편도 찾아 헤매야하는
다비드상의 명암에서

멀리 스쳐 가버린 신들의 세월 속
틈새 이야기

흑백으로 그려내는
눈 맑은 소녀 걸어가는 길

소싸움

우직함이 죄인 줄 몰랐었다
달아나면 그만인 것을

온힘 다하여 모래판 들썩이는
주인 고함 소리에

처박은 대가리 올려치며 흔들고
뒷발 버티어 앞발 용트림 쳐본다

전생에 잠시 지나쳤던 인연
다음 세상엔 꼭 맺으려는 몸부림

이정희

시인·수필가, 선문대학 영문학 교수, 김우종문학상 대상 외, 저서 『인연의 늪』 외.

문학에 거는 기대

　작년에 프랑스의 작가 아니 에르노가 노벨문학상을 받으며 아직은 크게 조명을 받고 있지 않지만 '오토픽션'이라는 문학의 새로운 길을 열은 바 있다. 금년에는 노벨문학상(Nobel Prize in Literature)에 노르웨이의 작가 욘 포세(Jon Fosse 64세)가 수상했다. 그는 배우 출신의 실험적 극작가이며 소설가로 알려졌다.

　노벨상 수상자에게 상금으로 1,000만 크로나(약 13억 5천만원)와 메달과 증서가 수여된다.

　스웨덴 한림원은 지난 5일 포세를 '혁신적인 희곡과 산문을 통해 말할 수 없는 것들이 목소리를 낼 수 있도록 했다.'고 수상 선정 이유를 소개했다. 포세는 희곡, 소설, 시, 에세이, 그림, 번역에 이르기까지 다양한 장르를 넘나들면서 작가활동을 해왔다. 그리하여 2015년에 북유럽 문화의 약진을 이룬 공로를 인정받아 '북유럽 이사회 문학상'을 수상하기도 했다.

　그는 1959년 노르웨이의 해안도시 헤우게순에서 태어나 대학에서 비교문예학을 전공하고 문예창작을 강의하기도 했다. 배우로 활동했던 그는 1994년에 첫 희곡 "그리고 우리는 결코 헤어지지 않으리라"를 발표하면서 두각을 나타냈다. 이후에 "이름", "누군가 올 거야", "가을날의 꿈", "나는 바람" 등의 작품이 900여회 이상 무대에 올려졌다. 우리나라에는 그의 소설 '보트하우스', '아침 그리고 저녁', '가을날의 꿈' 등이 소개되었다.

이와 같이 노벨상은 문학계에 관심과 바람을 일으키고 있다. 우리나라에도 크고 작은 문학상이 많이 있지만 노벨상에 버금갈만한 상이 아직은 없다. 인간에게 많은 예술이 있고 문화가 발전하면서 기쁨을 주는 예술 영역이 많이 있지만 궁극적으로 영향력이 가장 크게 작용하는 것은 문학이라는데 이의가 없으리라 본다. 따라서 문학도 세상의 변화에 민감할 수밖에 없겠지만 현실을 외면할 수 없다.

　다양하게 변화하는 가운데 깊이 생각해 보아야 할 것이 있다면 그것은 남북분단의 아픔이다. 일제강점기에서 해방을 맞이한 이후 남북이 분단된 지 88년이 지났고 북한이 6.25 남침으로 표현하기 어려울 만큼 힘든 고통 속에서 휴전을 한지도 70년이 지났다. 그동안 많은 작가들이 분단의 아픔을 다룬 작품을 내놓았다. 그러나 아직 문학적 평가를 받을만한 작품이 부족한 것이 현실이다. 일제강점기로부터 현재에 이르기까지 분단과 이산에 대한 민족의 구구절절한 내용이 작품으로 나와야 세계가 관심을 표출할 수 있으리라 생각한다. 우리민족의 비극이라 할 수 있는 분단의 아픔을 주제로 다룬 작품이 필요한 시점이다.

이제민

2005년《계간문학세상》시 당선, 한국문인협회·한국문학세상 회원. 제19회 대한민국디지털문학상 수상, 시집『내 마음속의 작은 병정들』1·2집

광복 80주년의 아침

바람에 펄럭이는 태극기 보며
선열들 숭고한 희생
해방의 벅찬 감격
방방곡곡 울려 퍼진다

일제 강점기 치욕스러운 역사
주권 빼앗겨
착취와 억압, 수탈을 넘어
우리말과 글 민족혼까지 말살하고

일본 제국주의 만행에
독립군 항일 무장투쟁
조상의 뜨거운 열정으로
해방을 맞이할 수 있었다

80년 흐른 지금
여전히 반성 없는 과거 역사
강산은 여러 번 변해도
마음속 응어리 여전하니

광복절 아침

바람에 휘날리는 태극기 보며
뭉클한 그날 벅찬 가슴
광복 의미 되새기며 영원히 기억한다

이제우

1965년 서라벌예술대학 문학상, 2014 월간 〈유심〉 특별상, 2025 중앙대문학상 수상.

하늘로 흐르는 강

강은 물살을 등뼈 삼아 끝간 길을 간다
채워서 깊이를 딛는 행려의 길에
굽돌다 찢기려는 물의 끈을 놓지 않고
모든 생명체의 혼맥에 탯줄을 이어댄다.

강줄기엔 흐름을 후리치는 꼬리가 있다
결이 다른 깊이와 폭으로
목마름에 파고들어 허한 마음 채우기까지
물결을 재촉하는 물의 맨발이 잔걸음 친다.

기척 없이 돌아서는 계절의 등 뒤로
긴 말씀을 이어가는 강은 어디로 흐르는지
햇살이 꼬리치며 따라 가는 물줄기엔
울어주어 하나가 되는 피빛도 잠겼다.

삶의 상처를 아프게 물들이는 황혼녘
노을이 황포 돛을 내리는 지평선에서
물에 빚진 그림자의 실체를 따돌리고
굽이치는 강의 끝은 하늘로 흐른다.

산산산

불끈 뻗어나간 산줄기는
대지의 힘줄이다.
밤이면 골짜기로 숨어들었다가
낮에는 들녘으로 기어 나와
우리의 가슴 뛰는 삶을 재촉한다.

척추를 세우고 달려온 능선들이
거친 숨을 고르잡은 터전에서
산은 사람들을 품어 안고 돌보며
날마다 이 강산의 매무새를
허리를 펴고 그려가고 있다.

화마를 입어 참담한 몰골이지만
스스로를 나직이 몰아세워
절망 끝에서 깃을 치며 솟아오르는
산은 삶의 근원이고
우리가 돌아갈 마지막 처소이다.

이주현

한국문협 인성교육위원 부위원장, 불교문학상 수상 외, 시집 『가고 오네』 외.

산소 같은 사람

평생을 찾았지만
그런 인연 못 만나고
지금도 찾고 있다

산은 병풍처럼 둘러놓고
쪽빛 하늘 마주하고

구름 한 점 베어다가
장기판을 만들어서

빛 고운 별을 골라
장기알로 올려놓고

장군 멍군 하다 보니
해는 서산에 걸려 있고
내 앞에 그 사람인줄 몰랐네

치마폭에 걸린 주름

풀지 못한 사연들
석류알처럼 매달리고
그리움 밟고 떠나간 저녁노을
저 하늘 별이 되어 알알이 반짝인다

풀잎에 귀뚜라미 적막을 두드리고
어깨 위에 무거운 짐 내려놓기 바빠
치마폭에 걸린 주름 못 본 척 지나쳤더니
황혼이 서산에 걸릴 때 쯤
돌아보고 돌아보지만
흘러간 세월 돌이킬 수 없어
쓰린 가슴 끌어안고 그냥 가고 있다

이창식
제12회 월파문학상 본상, 시집 『생각꼬투리』『갈대꽃 삭고 파문 눈뜨고』

이름 하나

'땅 아래에
이름 하나의 단순한 비碑'

교황*의 유언
가없는 하늘같고
가난한 아비 같고

흔적 없는 사랑
햇살 같고 단비 같아
하늘처럼 푸르고 깊어라.

오직 이름 하나
하늘과 땅 사이
그 경계에 살겠다는 뜻.

어머니 목소리로 와서
나와 쌍둥이로 움직이며
볼 것 못 볼 것 다 새기고
가슴 졸이며 동행한 너.

네가
나의 최후일 것을…

* 프란치스코 교황

태극기의 설움

해방아,
지금 어디서 늙니?
너는 해방 되던 날 오후
나는 해방 되던 몇 날 전
이삭 뜯긴 보리밭 같은 세상에서
첫 울음 울었다지.

꼬맹이 시절,
진흙인형 삐딱 머리 같은 네 얼굴
흙 마당에 알궁둥이로 앉아
개미집 짓던 손바닥
일어나면 뽀얀 알궁둥이
팔십년 너머 또렷한 너와 나.

그리고 흔적도 없이
일본 끌려갔다 온 니네* 아버지
어디도 살 곳이 없었던가.
그날의 태극기는 지금도 손짓하고
만세소리 이 산야山野에 가득한데
땅강아지 우리는 만날 날 없을까?
알궁둥이 내 친구 해방아!

* 너희의 방언(경상도)

이철우

안곡문학연구회 회장, 안성문협 자문위원, 동심문학상 외, 동시조집 『안성둘레길』 외

수다

조그만 꽃밭에
밤새 염색한 머리를
아침 바람에 날리며

봉숭아는 빨간 머리
채송화는 얼룩 머리
해바라기는 노란 머리

머리색 자랑하며
하루 종일 수다 떤다

봄이 오는 소리

여기서 소곤소곤
저기서 속닥속닥

겨우내 숨어있던
새싹들 쑥덕쑥덕

봄볕에
꽃피우려고
온산이 웅성웅성

이한재

시인·수필가, 국회·전국문화원공동개최 은상 수상. 한국발간-시집·수필집 다수, 미국발간-영어시집·영어수필집 다수.

묵주

이른 새벽
묵주를 손에 쥐고

한 알 한 알
기도의 숨결이 흐르며
마음 깊은 곳에 울림을 준다

햇살이 깨어나면
작은 알들이 속삭이며
마음의 정원을 가꾸고

저녁이 오면
하루의 흔적을 따라
어둠 내린 창가에 앉아
손끝에 감기는 작은 알들

시간의 실타래가 엮여
묵묵히 이어지는
삶의 등불이 된다

얼추가 얼개가 되어

바람이 지나간 자리
햇살이 스며들고

가깝고도 먼 기억들
이것인가 저것인가

흰 종이 위
희미한 그림자

빛과 그림자 어우러져
얼추 길을 만든다

빈틈마다 의미를 담고
끝없이 펼쳐지는 언저리

번개처럼 스치는
시상

삶의 이야기를 엮는다

이한희

한국문협·국제펜·밀레니엄문학회 회원, 밀레니엄문학상 외, 시집 『내 영혼의 조각들』

광복의 그날

어둠을 뚫고 일어선
선열들의 피맺힌 한의 조국
총칼 앞에 태극기 앞세워
자유독립 부르짖던
우국충절의 기상들

민족의 긍지와 용기로 얻어낸
이 땅의 영광의 빛을
자손만대에 길이 길이 보존키 위한
우리들의 노력 얼마나 했으며
무엇으로 가꾸었는가

선열들이 남기고 간
문화민족의 정신유산
고이고이 간직하여
또 다른 가슴의 상처 남기지 말기를

아,
자유대한의 영광이여
영원한 단군의 자손들이여
그 뜻 그 궐기 길이 되새겨

광명의 빛으로 세상을 밝혀가라
영광의 팡파르 높이 울려라

물안개

상큼함이 울어나는 새벽녘
짙은 안개를 뚫고 달리던 강변엔
무지갯빛 아지랑이가
송알송알 피어오른다

화들짝 깨어나는 그리움 하나 껴안고
물안개 피어나는 언덕에 서서
청춘을 노래하던 그 아릿한 옛 모습들

지금은 어디에서 무얼하는지
새롭게 피어나는 아롱다롱한
님들이(친구들이) 그리워진다

이 빛고운 물안개 청춘도
햇살로 변해가는 시공을 넘지 못 한 세월들
아쉬움 남긴 채 돌아서야 하는
안개꽃 언덕길

이현경
2019년, 2023년 서울시 지하철 공모전 당선, 시집 『나무의 시계』 외.

웃음 하나 꺼내서

추적추적 비 오는 밤

잠은 안 오고 휴대폰을 열어
갤러리에 있는 사진들을 본다

여행 사진이 가득하다

순한 추억을 들여다보다가
백일홍 속에서 넘치게 웃고 있는 나를 본다

시간이 훔쳐가 버린 지난 시절이 그리워
환한 웃음 하나 꺼내어 폰 화면에 지정한다

휴대폰을 열 때마다
바닥 모를 슬픔이 사라진다

강 사이로 지나는 시간

전철을 타고 옥수역을 지나는데
한강 다리가 훤하게 나타났다

지는 햇살에 강물이 붉다

멀리서 나뭇잎들이 흔들리고
시간을 풀어놓은 물결이 겹겹이 겹쳐진다

비밀을 숨겨놓은 물속을 순간 열어보고 싶다

앞길을 모르는 우리네 인생처럼
저 물밑에 천 길 벼랑이 있을까

순식간에 다리를 건너갈 무렵

풍경처럼 서있던 아파트 그림자들이
착시에 빨려들 것 같은 강을 움켜쥐고

물속으로 걸어 들어가고 있다

이혜숙

제주대학교 의과대학 학술연구교수, 제주감성시인학교 부회장, 에스프리문학상 수상.

수애기* 커피숍에서

돌고래 무리를 보기 위해
창가에 앉았다

몇 시간째 기다림
결국, 오늘도
돌고래는 오지 않았다

신기루 같은 첫사랑
이제 기다리지 않기로 한다

돌고래는
저 푸른 바다의 것

내 서러운 사랑
바다로 갔으니
먼 바다로 갔으니

떠나간 것은
기다리지 않기로 한다.

* 돌고래의 제주방언

나무에게 배운다

나무는
쉽게 나이를 알 수 없다
그 울창함과 푸르름에

나무는
도무지 나이를 알 수 없다
여전히 흐드러지게 핀 꽃
튼실한 열매로

늘 그 자리에
우뚝 서서
사계절 보여주는 나무

내색하지 않고
조용히, 안으로
나이를 새기는 품격

어른이 되기 위해
나무에게 배우겠다 했더니
먼저 나무가 되라며
씨앗 하나 내민다.

이효

한국문인협회 회원, 국제PEN한국본부 회원, 인사동시인협회 부회장 · 황진이문학상 본상 외, 시집
『장미는 고양이다』

휘어진 바람에게 묻다

사람과 사람 사이에서
뼈만 남긴 무수한 말들이 내려앉은
낡은 집을 리모델링한다

누군가 세워 놓은 기둥에 기대어
여자의 마음은 쓴맛을 누른다

뿔 달린 말들은
오늘을 빠져나가지 못하고

보내고도 이별하지 못하는
그 집, 터

부서진 벽을 바라보며
서로 소통하지 못했던 철 지난 시간들
상처는 귓등에서 독감을 앓고

허물어진 벽을 통과하는 휘어진 바람
마른기침을 한다

집을 리모델링한다는 것은
다시 지켜내고 싶은 그 무엇이 있다는 것
바람 소리 우렁하다

부처 바위

꽃잎 떨어지는 소리 붉다
소녀들의 비명

바위는 돌아앉은 부처가 된다
접힌 날개, 자유 잃은 바람

바위에 새겨진 딸들의 비가
눈물로도 지워지지 않는다

불암산 애잔한 달빛
어린 딸들 심장 위로 떨어진 꽃잎

묵언수행 중인 부처바위

하염없는 눈물로 적시는
까마득한 그 이름들

이희국

가톨릭대학 외래교수, 《시문학》 등단, 한국문학비평가협회 작가상, 시집 『다리』 외.

고도에서 생각하다

눈꽃열차를 타고 추전역에 올랐다
회오리바람만 소용돌이치는 855고지

전란이 할퀴고 간 폐허의 땅
실낱같던 생명줄을 찾기 위해
맨손과 곡괭이로 희망을 매달던 삽질은
공룡의 등뼈처럼 단단한 태백능선을 두드렸다

첩첩산중 깎아지른 터널을 기어오르며
무거운 석탄을 캐서 내륙으로 향하던 화물열차
하루도 쉬지 않고 산야를 흔들던
그 기적소리는
헐벗은 국토의 잠을 깨웠다

눈 위에 찍힌 사람과 짐승의 발자국도 사라지고
시간도 멈추어버린 늙은 역사驛舍

아버지와 그 아버지가 흘린 눈물과 땀
역사의 피가 배어있는 고지에
'우리나라에서 가장 높은 기차역',이라는 이름만
훈장처럼 붙어있다.

버스 안내양

오랜만에 시내버스를 탔다
어느 첫 새벽
승객이 올라서는 발판에서 연신 하품하던
안내양의 모습이 생각난다

마구잡이로 승객을 밀어 넣던
그녀의 어린 손
버스 옆구리를 탁탁 치며 오라이!
출발을 알리는 그 소리에 버스는 달려갔다

그 많은 안내양은 어디로 갔을까
이제 카드 단말기가 요금을 받는다
배차시간 맞추려 무섭게 끼어드는 운전에도
핸드폰에 눈을 **빼앗긴** 사람들
스피커 안내방송을 따라 타고 내린다

버스는 달리고 우리 모두 어디론가 가고 있는데
무언가 허전하다

오라이!
문짝에 매달려가던 목소리가 그리운 날이다.

임보선
1991년 《월간문학》 시 등단, 한국문인협회·한국시인협회 회원, 시집 『내 사랑은 350℃』 외.

저 바다

노을이 바다에 눕는다
어둠이 바다에 눕는다
이럴 때 부르고 싶은 노래가 있다

두 발로 갈 수 없는 저 바다
바람과 바람이
물결 자욱만 남기고
지는 해도
돋는 해도
모두 저 바다에서

세월따라 추억까지 삼켜버린 파도가
흰거품 토하며 몸부림칠 때
끼륵끼륵 고기떼들
꾸륵꾸륵 갈매기들
부르고 싶은 내 노래를 한다

바다는 영원한데
순간에서 순간으로
나는 오늘을 살아간다고
저 바다가 말한다.

나의 산

오랜 열망 마음 여미고
겨울 산 오른다
골짜기마다 계절은 떠나고
산마루에 울던 노을
빈 산을 넘어갔다

칼바람도 당당하게 마주선 겨우나무
그 많은 푸른 날 다 어디로 갔나
스치고 떠나보내고 이별한 나무들
상처만 앙상하다

부엉이도 산짐승도 예정된 일처럼
낯선 곳으로 떠나가 버린
겨울산이 외롭다

바람소리 서럽고
겨울바람 적막해도
눈보라 그치고
겨울산 넘어가면
온 천지가 꽃 산이다
꽃 천지가 내 산이다.

임애월

《한국시학》 편집주간, 경기PEN 회장, 전영택문학상 외, 시집 『나비의 시간』 외.

조선바람꽃

못다 녹은 잔설이 드문드문 숨어있는
백두고원 수목한계선 넘어
흰옷 입고 몸을 낮춘 조선바람꽃
너른 고원 등성이 짧은 햇살 속
냉기 품은 바람도 끌어안았다
아직 그 무엇도 담아본 적 없는
지치지 않아 더 맑아진 기다림의 눈빛
지난 시간 계절풍이 할퀴고 지나간
점도 낮아 푸석한 화산토 아래
그래도 단단하게 뿌리내렸다
바람의 정체성은 바람을 견디는 것
견디고 견디어서 마침내 극복하는 것
녹슬어 무디어진 철조망 걷어내고
단절된 역사의 혈맥 다시 잇는
끈질긴 한민족의 간절한 염원들이
따스한 햇살 아래 나란히 모여들어
통일의 신바람꽃 피우고 있다

별빛 줍기

둘러보면 사방천지는 위대한 신전
베드로성당보다 더 크고 웅장한 대자연의 신전에서는
계절마다 바뀌는 새소리가 경전이다
아침을 열면
키 큰 나무가 섬세한 잎맥을 흔들고
앞산 이마는 이미 붉은 놀빛에 빛나고 있다
지나가던 바람이 숲속 새 새끼들을 깨우면
심오한 경전들은 뭇새들의 목소리로 발현된다
시공의 경계가 모호한 이곳에선
눈을 감아야 모든 게 선명하다
귀 끝에 와 닿는 미세한 소리들
히말라야 작은 왕국의 마니차처럼 평온하다
언제나 굳건하게 제 자리를 지키고 있는 대자연의 신은
그 크고 푸른 손을 내 정수리에 얹어
오염된 영혼을 정화시키고 방전되었던 실핏줄을 깨운다
야생의 언어들이 하나 둘 광합성을 시작한다
비로소 나는 큰 산맥 아래 잔뿌리를 내리고
발등 근처에 떨어지는
천 개의 별빛을 줍기 시작한다

임완근
남북경제협력진흥원 원장, 통일문학상 수상, 시집 「오마니 나의 오마니」 외.

열무김치

고춧가루 촘촘하게 박혀 있는
붉은 열무김치를 먹으며
3년간 멀건 갈치국과 겉절이
양배추를 먹던 군 생활이
생각나는 이유는 무엇일까
"때려잡자 김일성 무찌르자 공산당
이룩하자 유신 과업!"
아침저녁 줄을 서서 외쳐대던
청춘의 시절이 있었다
아직도 북녘 그곳에서는
허기진 배를 움켜쥐고 긴 시간
고된 노동에 시달리며
미제타도와 남녘 괴뢰도당 분쇄를
외치는 우리의 동포들이
있다는 것은 슬픈 일이다
통일을 외치던 목소리는 사라지고
좌우로 나뉘어 미움과 증오를 키워가는
무관심과 오만이 우리의 삶에
자리를 잡으려는 것은 아닌가
열무김치 한조각도 나눌 수 없는
이유는 무엇일까

장맛비 그친 하늘에는
떠 오른 뭉게구름 한 무리가
우리 땅 북녘으로 간다

장맛비 내리다

주룩 주루륵 끊길 듯
이어지는 굵은 빗줄기에
힘겹게 작은 키를 키워가던
늦깎이 고춧대가 쓰러졌다
이른 꽃망울 매단 코스모스
천둥 번개에도
얼기설기 엉클어진 동아줄처럼
서로를 끌어안아 여유로운
금은화 은빛 꽃다발
그 향기 장맛비에 흘러가면
참을 수 없는 송어 떼가
너른 강줄기 따라 돌아오겠지
오염된 바다에는 향기로운
아침 은빛 너울이 일고
저녁이면 금빛 노을이 출렁일꺼야
파도가 일거야.

임하초

서울시인협회 사무국장, 서울시인협회의 시인문학회 회장 역임, 월간 '시' 제정 '올해의 시인상 2018' 수상시집 『나는 시소를 타고 있다』 외.

아름다운 하루

1.
밤과 낮이 뒤척이는 하루
그리움이 절반이고
남은 것은 후회와 그리고 감사죠

고요할 때 가을을 잇대려고 비가 옵니다
싱거운 커피를 마시고 거리를 걸어요

함께 울고 웃던 낯설지 않은
골목의 허름한 이층
우리들의 노래는 꿈을 향한 절규였지

그날의 약속 잊힐리야 잊힐 수 없어
여전히 설렌다고 용기 내어 말해주세요

2.
태풍이 거세질수록 제비처럼
바람의 저항에 맞서길 좋아했어
저 별이 흔들릴 수 있어도 우린 아니었지

낡은 골목이 채색되어 다가오고

아이들의 합창 소리에 뒤돌아봅니다

비가 멈추어 환호하던 그날처럼
어딘가에서 어디쯤에서
그대도 걸음 멈춰 기억해 주세요

그날의 약속 잊힐리야 잊힐 수 없어
여전히 그립다고 한 번쯤은 말해주세요

장건섭
시인·작사가, 미래일보 편집국장, 시집 『폭식』 외.

목련 한 잎,
여름의 한복판에서

햇빛은 창백한 허공을 휘감고
땀이 이마를 적시는 더위의 문이 열린다.
그 문턱에 선 나는,
한 모금 찻물 속에서
지난봄의 서늘한 기척을 다시 더듬는다.

고향집 울안에 피기도 전
햇살을 올려다보던 목련 봉오리들.
어린 꽃잎 하나하나를 조심스레 따내며,
손끝에 남은 떨림까지도 함께 덖었다.

그때의 봄은
차게 맑고, 조금은 슬펐다.
떠나온 자리마다 그리움이 앉아 있었고,
피지 못한 꽃에게서
피워내지 못한 말들을 배웠다.

그리고 오늘,
그 목련차를 다시 유리잔에 담는다.
폭염은 여전하지만,
차향 속에는 봄이 들어앉고

한 모금 머금자
잠시, 계절이 되돌아온다.

차는 꽃으로 돌아가고,
나는 그리움으로 돌아간다.

틈숲

틈을 뚫고 올라온 잎처럼
나도
견고한 현실 속
내 자리를 찾아
쉼 없이 숨을 내쉬리라.

작은 시작이
언젠가
적막을 생명으로 채우고

빛 향해 뻗는 한 잎이
숲의 일부가 되듯
나도
이 존재로
모든 균열에
녹음을 더하고 싶다.

장종국
시인·칼럼니스트, 〈경의선문학〉주간, 시집 『자음의 노래』 외, 산문집 『지상에서 지상으로』

날 수 있어

새 뼈는 다공질, 가뿐히 날기 위해
비어있음을
하늘은 무거운 짐을 싫어하니까
건강검진담당의사가 가볍게 내뱉는 말
―선생님 뼈는 골다공증세가 없습니다
운동 열심히 하고 영양식으로 잘 먹으라니
(…그래, 나는 뼈대 있는 집안의 장손이니까…)
그런데 요즘 뼈 틈새로
스며드는 바람으로 어깻죽지가 시리니
곧 날개가 돋아날 징조로 보인다
다공질로 뼈는 가벼워지고 있는데
(…그게, 살덩이 무게를 지탱하기에 역부족인 걸…)
(…그럼, 먹이에 달렸어 욕심을 먹고 있으니까…)
층계를 오르내릴 때마다 시큰한 무릎은
무거운 살덩이를 짊어지고
쓸모없이 늘린 살점의 근수만 늘린 탓이라
(…별 걱정…)
하늘을 날기 위하여 몸은
다공질 뼈로 가벼워지고 있다니깐!
그래!

응달은 응달대로 3
- 콩밭짓거리

춘곤증으로 나른한 봄날 푸서리에 일궈 놓은 콩밭
콩알을 품은 줄기가 속곳바람에 흔들릴 때
풀 맨 고랑에 열무 씨앗을 뿌리는 일거양득의
틈새전략은 어므이의 지혜
자줏빛 콩노굿 일렁일 때쯤
콩밭 햇볕을 피한 응달은 응달대로
햇볕을 골고루 나눠 먹고 자란 콩밭짓거리를
씹으면 사각사각 연둣빛 단물이 입에 고여
찰방거리면 벌레 먹은 연둣잎을 반반씩 정 두텁게
나눠먹는 짓거리 보리밥에 막된장 큰 숟갈에
엉덩이 넓적한 뚝배기그릇에
비벼 먹는 콩밭짓거리는 빛바랜 서정의 요람

장진
제주 출생, 영주신문 신춘문예 당선, 남과 다른 시 쓰기 동인

명문대

명문대 동문회에 갔다

명태 회장의 인사말
알래스카 해역 깊은 곳에 살다가
바다 속 오염되어 맑은 물 찾아다니다
그물에 잡혀 왔습니다

문어 교수의 축사
강원도 속초 대포항에 살다가
바다 속 폐그물 피해 조심조심 역사를 쓰려
항아리 속에 숨어 있다 잡혀 왔습니다

대하 고문의 격려사
태안 백사장에서 살다가
낚시꾼이 버린 쓰레기 피해
잔잔한 물속에서 놀다 그물에 잡혀 왔습니다

오늘 참석해 주신 명문대 동문들 모두 고맙습니다
이제 명문대 여러분의 마지막을
이렇게
눈 멀뚱멀뚱 뜨고 한 접시 위에 누워서 함께 갈 수 있음을 영광
스럽게 생각합니다

명 태 / 문 어 / 대 하
대형 접시에 눈을 뜬 채 눕는다
명문대생들의 동문 모임은 최후의 유언이었다

동굴 속 독화살

시퍼렇게 날 선 말이 튀어나온다

색동저고리색 말들은 빛에 바래고

심장을 베고 사라지는 말짐승

횡설수설은 꽃의 날갯속으로 들어가
물파스 같은 시간을 피우고
꽃속의 아름다운 무늬는 환상의 삶을 살게 하는 말 씨다

입이란 동굴 속에 사는 독말을 본 사람은 아무도 없다
태어나기 전엔 그 말에
독이 들었는지
꿀이 들었는지 아무도 모른다

혀라는 이름은 살풋 떠오르는 연한 말을 기록했고
가시 돋친 말을 새긴 동굴 속 독화살은
밖으로 나왔다가 다시 안으로 들어가서
자신의 혈관을 타고 흘러 다닌다는 것을 모른다
말은 최초에 뱉은 시간만 기억하다 사라진다

장태윤

1990년《한국시》로 등단, 한국문인협회, 전북문인협회 회원, 시집『난꽃 바람꽃 하늘꽃』외 14권, 전북예술상 수상 외.

광복 80주년에

내선일체 교육으로
성도 이름도 다 바뀌어
내 이름은 노다다이중(野田太潤)

조선어 말살 정책으로
학교에서 표딱지 석 장씩 나누어주어
어디서고 우리말을 하면
서로 빼앗도록 시켜
다 빼앗기면 1주일 청소

그러던 1945년 8월 15일 정오
숙직실 라디오에서 흘러나오는
일본 천황의 떨리는 목소리
무조건 항복

무엇이 무엇인지 잘 몰라
어리둥절한 나이였지만
일본의 억압에서 벗어나
광복이 되었다는 사실을 알게 된 기쁨

도시에서는 거리로 뛰쳐나와

맨손으로 만세 부르고
일본인은 풀 죽어 쫓겨 갔으며

해외에서 독립운동하던 분이나
강제 노역에 동원된 분들
귀국선이 돌아오고

같이 들어온 수인성 전염병에
감염되어 더러는 마을에서
같은 날 제사가 많아지기도 했지만

6.25 전란을 겪고
그 뒤 많은 희생으로
오늘을 이룩하였나니
더욱더 굳건한 나라로 다져
지켜나가야 할 우리.

장해익

시인·수필가, 월파문학상제정, 한국신문예문학회 명예회장, 저서 『백원짜리 인생』 외.

국민의 자부심을 일깨우는 노래

우리가 물이라면 새암이 있고
우리가 나무라면 뿌리가 있다
이 나라 한아버님은 단군이시니
이 나라 한아버님은 단군이시니

백두산 높은 터에 부자요 부부
성인의 자취 따라 하늘이 텄다
이 날이 시월 상달에 초사흘이니
이 날이 시월 상달에 초사흘이니

오래다 멀다 해도 줄기는 하나
다시 필 단목 잎에 삼천리 곱다
잘 받아 빛내오리다 맹세하노니
잘 받아 빛내오리다 맹세하노니

위당 정인보는 독립운동가이자 한글학자이며 역사학자로 일제 강점기 애국자 중 애국자로 조국이 해방되자 '3.1절 노래', '광복절 노래', '개천절 노래', '새해의 노래' 가사를 지어 나라의 광복된 기쁨과 앞날의 희망을 노래했다. 정인보가 쓴 '개천절 노래'는 의미가 큰 가사로 일제 치하에서 벗어나 단군의 피를 이어받아 정통성을 잇는 유일한 국가로 역사의식과 함께 국민의 자부심을 일깨우는 노래이다. 가사의 구체적인 의미를 살펴보면, 1절 가사를 살펴보면 "우리가 물이라면 새암이 있고, 우리가 나무라면 뿌리가 있다"는 우리의 근본이 어디에 있는 지를 생각하게 하는 구절인데 이는 세종대왕이 한글을 반포하고 편찬한 '용비어천가'에 나오는 "샘이 깊은 물은 가뭄에도 아니 마르고, 뿌리가 깊은 나무는 바람에 아니 흔들린다"는 귀절에서 가져온 것으로 보여진다. '한아버님'은 크다는 뜻은 '한'을 사용해 가장 큰 어른, 최초의 어른이라는 의미이며 국어학자인 정인보는 할아버지라는 단어의 기원이 바로 이 '한아버님'으로 인식한 것 같다. 단군을 우리의 한아버지인 조상으로 생각하고 있는 것이다. 참고로 '단군', '단군왕검'은 사람의 이름이 아니라 임금(왕)을 뜻하는 단어로 단군이 지배하는 조선은 1500여년 이어진다.

2절에서 부자父子요 부부夫婦는 아비와 아들, 남편과 부인으로 이 귀절에서는 단군신화의 내용을 담고 있다고 보여진다. 백두산 높은 터의 부자는 환웅과 단군이며 부부는 환웅과 웅녀를 뜻한다. 환웅이 사람으로 환생한 웅녀와 결혼해 초대 단군을 낳았다는 이야기를 함축한 것이다.

3절에 보이는 '단목잎'은 '단목檀木, 박달나무 잎으로 박달나무는 단군 조선 개국과 관련이 깊은 나무로 바로 우리나라 개천의 영험이 있는 나무이다. 추석이 가까운 개천절노래는 추석과도 관련이 깊다. 우리의 국가 명절에 관한 노래들이 있는데 '추석'노래는 없다.

개천절은 최남선의 시조에서도 알 수 있듯이 추석과 관련성이 있다. 햇곡식과 과일로 하늘과 선조에 제를 올리던 오랜 풍습이 내려오는데 가을의 가장 큰 명절인 '추석'은 아마도 인류가 정착 생활을 시작하면서부터 시작된 한해를 수확하는 최고의 명절이 되었을 것이다.

우리나라도 고조선시대부터 삼국시대, 신라시대, 후삼국 시대, 고려시대, 조선시대에 이르기까지 이어져온 전통적인 제천행사와 이 '개천절'은 일맥상통하는 것이다.

* 참고자료 개천절 노래- 정인보 사, 김성태 곡|작성자 첫발자욱

장현선

《시의나라》 등단, 국제펜한국본부회원, 부산시협회원, 포에프리코리아회원,
저서 『시와산문9집』 발표.

새날, 스케치1

적요한 밤의 피륙이 벗겨진 자리에
해방이라는 이젤을 폈다
티 없이 깨끗한 화선지에는
먹구름 낀 지루한 낮보다 환희로 찬
빛의 포물선이 만세만세 만세! 라고
함성을 퍼트렸다
참으로 많이 앓았던 굴레의 뒤안길에서
꽁꽁 닫힌 밤의 창문을 노크하며 광명의
햇살을 누리마다 부어주신 우리들의
어머니 닮은 하느님의 어머니 그 여인은
부자유로 묶인 밧줄을 조용히 풀어주셨다
또 밤이 오더라도 어둠을 여과하는 손길과
백의白衣의 파운데이션* 실루엣에 기대어
새날을 희망의 새날을 그렸다.

* 기능성 기초 메이컵 or 기능성 속옷

한 잎 조각배

요새에서 떨어진 나뭇잎
강물 따라 홀연히 멀어지니
바람은 돛대로 나뭇잎은
조각배로 일엽편주로
그리움 되어가네

푸른 시절은 고개를 들어
하늘을 보다가 고개를 수그려
땅을 보다가 비색창연 물들어
미완의 가슴에 언제나 풋풋한
생기로 다가와 위로와 용기를
주었지

전민

1985년 월간〈시문학〉등단, 국제계관시인연합한국본부 이사장, 국제pen한국본부 이사, 대전시문화상 외, 시집 『소원의 종』 외

가위 바위 보

시골 어느 동물농장에서
의좋던 닭, 오리, 강아지가
특식 선취 경쟁을 벌이다가
승부가 가려지지 않자 결국
가위 바위 보 게임을 했다

닭은 강아지만 빠지면
오리는 이길 수 있다 하고
오리는 닭을 제외하자 하고
강아지는 닭발은 자신 있으나
오리발은 어렵다고 말했다

셋이 모여 조합을 이루면
승부를 가리기 힘이 드니
머리 잘 돌리는 인간들처럼
승부수 있는 약자만 골라
게임놀이하며 살기로 했다

관심의 밀도

잡초도 소중하다 생각하고
사랑스럽게 바라보면
귀엽지 않은 풀꽃 없고
장미꽃도 관심두지 않고
눈, 코 다 돌리면
마음을 사로잡을 일이 없다

잡석도 귀하다 생각하고
소중하게 생각하면
요긴하지 않은 돌이 없고
옥석도 필요 없다 마음먹고
관심두지 않으면
유혹에 빠질 일이 없다

전산우

시인·작사가, 시산문학 회장 역임, 시집 『사랑을 하면 가을도 봄』 외, 트로트 작사집 『다만 한 사람』

마음

그리움을 굴리면
눈덩이처럼
자꾸 커지고

미움도 굴리면
눈덩이처럼
자꾸 커진다

그리움이나
미움이나
굴리는 건 마음이다

사랑을 하면 가을도 봄

사랑을 하면
응달에 살아도
양달처럼 따뜻합니다

사랑을 하면
찔레꽃처럼 수수해도
장미꽃으로 보입니다

사랑을 하면
눈을 내리깔아도
귀엽다고 생각합니다

사랑을 하면
죽을 만큼 사랑을 하면
가을도 봄입니다

전상중

시인·수필가, 현)해군사관학교 명예교수, 국제PEN 회원, 황금마패상 수상 외, 시집 「포말에 얽힌 사연들」 외.

평범한 사람들의 특별한 힘

시골 토담가에 청포도가 알알이 익어가는 7월이다. 온 국민에게 추앙받는 '이육사' 시인의 '청포도'가 생각난다. "내 고장 7월은 청포도가 익어가는 시절. 이 마을 전설이 주저리주저리 열리고…" '시인이란 사람들이 꿈꾸고 상상하며 마음속 깊이 원하는 것을 표현하는 사람'이라는 프랑스 시인 '자크 프레베르'의 말이 실감난다.

그제는 '제2연평해전 23주년'이 되는 날이었다. 2002년 6월 29일 NLL을 사수하려다 전사한, 'PKM-357 윤영하 소령 등 6명 영웅들의 위국충정을 기리며, "전우가 사수한 NLL, 우리가 지킨다"는 각오아래 오늘도 조국의 바다를 굳건히 지키고 있는 우리 해군을 성원하고 박수를 보낸다.

지난날 희생과 노력 및 인고의 세월들이 튼튼한 뿌리를 만들어 스러지지 않을 오늘의 '대한민국'이라는 나무가 되었다는 생각이다. 누구나 자기 나름의 꿈꾸는 집이 있다. 때로는 이런 마음의 집이 어제 저녁 필자도 함께한 '창원 시민의 날 불꽃쇼 공연'시, 음악적인 화음에 의한 내적 풍요로움으로 진정한 행복을 찾아갔던 '합창단원'일 수가 있다.

또한 이번 달에 출국해 사우디아라비아에서 'Plata North'(30만톤 선적 유조선)의 '선장'으로 승선하여, 이란과 이스라엘 간 전쟁 중인 '호르무즈해협'을 통과할 '이용규 선장(예비역 해군대위)'과의 만남을 떠올리며, 외화벌이의 역군이기도 한 '전우'의 안전 항해를 기원한다.

아무쪼록 맡은 자리를 진심으로 받들고 성실히 일상을 지키는 사람들이 침묵 속에서 지켜보다 등을 돌리지 않도록, "평범한 사람들의 특별한 힘"을 결코 잊어서는 안 될 것이다.

우분투의 누름돌

 어릴 적 어머니께서 냇가에 나가 누름돌을 한 개씩 주워오시던 기억이 난다. '누름돌'은 반들반들 잘 깎인 돌로 김치가 수북한 독 위에 올려놓으면, 그 무게로 숨을 죽여 김치 맛이 나게 해주는 돌이다. 부모자식 간이나 친구지간이든 우리 각자에 서로 누름돌이 되어 준다면 세상도 훨씬 밝아질 것이다.
 '우분투(UBUNTU)'는 아프리카 반투족 말로 '네가 있기에 내가 있다'는 뜻이다. 그래서인지 좌절과 분노와 증오의 우리 사회에 "우분투의 누름돌"이 필요하다는 생각이 든다. 나이가 들면 저절로 지식과 경륜이 늘고 인격이 높아질 거라고 생각하기 쉽지만, 공부하지 않으면 무식이 늘고, 절제하지 않으면 탐욕이 늘며, 성찰하지 않으면 파렴치만 늘어 간다고도 한다. 나이는 그냥 먹지만, 인간은 저절로 나아지지 않는다는 말이기도 하다.
 옛 어른들은 누름돌 하나씩은 품고 사셨던 것 같다. 누가 가르쳐 주지 않았을 텐데 자신을 누르고, 희생과 사랑으로 그 아픈 시절을 견디어 냈으리라. 또한 역사는 도전과 응전의 연속이다. 개인이나 조직, 국가는 끊임없이 문제에 봉착하게 되고, 봉착한 문제를 해결하려는 방법에 따라 개인, 조직, 국가의 운명이 갈리게 된다. 그러나 우리에게 주어진 가혹한 환경이 어쩌면 지금보다 더 위대한 국가로 나아가게 만드는 원동력이 될 수 있지 않을까.
 우리 사회가 건강하게 유지되기 위해서는 '학교, 사회교육'은 물론 자율, 유대, 공감과 다문화 중심의 '가정교육'이 선행되어 "우분투의 누름돌"이 형성되었으면 하는 마음 간절하다.

전영모

국제펜한국본부·한국문협·현대시협 회원, 신문예문학회 자문위원, 현대시 작품상 외, 시집 『시간의 기억』 외.

광복 80주년에 즈음하여

80살이면 나라도 늙는가!
이씨 조선은 500년 이었는데

일제하 36년 빼앗긴 주권을 찾으려
선열들이 목숨 바쳐 이룩한 광복
짧은 역사를 또 뉘에게 넘기려는가?

광복 후 유엔 군정 하 3년
1948년 반 토막의 대한민국 정부수립
나라가 안정되기도 전 공산주의 김일성이 남침
대한민국이 소멸될 위기에 도달하자
우방국의 도움으로 통일을 눈앞에 두고 있었으나
공산주의 중국이 개입하며 소련과 유엔의 합의로
현재 38도선을 중심으로 분단된 정전국가이다

일제하 주권박탈 설움만 알고
중국의 모체인 청과 명의 횡포
아녀자 공출, 매년 조공을 요구하며
조선왕의 임명도 승인을 받아야 했던 암울한 역사
쓰라린 과거의 아픔을 모두 잊은 듯
김정은을 국방위원장 위원장하며 존경하고
중국에 쎄쎄하며 아부하는 위정자들 가슴 아프다

혼란의 정국

제 20대 윤석열 대통령 취임부터
거대 야당의 정국 발목잡기에 이어
2025년 4월 총선에서도 야당이 승리했다
국무위원과 검사탄핵 등 특검 잇단 횡포
25년도 중요 예산 삭감 국정마비 상태에 이르렀다

2025년 12월 3일 대통령이 계엄선포
국회는 여당을 제외한 거대야당 단독으로
대통령과 국무총리 감사원장 등 일부국무위원 탄핵소추
2025년 4월 4일 대통령 파면 선고
정국은 6.25사변이후 초유의 비상상태에 이르렀다

2024년 11월과 2025년 1월에는 강풍과 습설
재산 피해도 정국혼란에 한 몫을 더했으며
3월에는 天災인지 人災인지
전국 40여 곳에 크고 작은 산불 발생
꽃샘추위도 강타해 국민의 마음을 옥죄었다

6월 3일 조기대선
대한민국은 자유민주주의를 계속 유지할 수 있을지…

전홍구

시인·수필가, 한국문협·국제PEN한국본부 회원, 시집 『나의 펜은 마른 적이 없었다』 외.

80송이

계절은 조용히 창을 열고
당신의 숨결 같은 봄이 스며듭니다
잊었다고 생각한 향기가
찻잔 속 오후를 은근히 물들입니다

어느 날 옷깃에 피어난 꽃 한 송이
그 이름은 몰라도 당신이었죠
말하지 않아도 피어나는 얼굴이
내 창가에 머물러 시를 흔듭니다

불러도 닿지 않는 마음의 발신음
당신은 오지 않아도 벨이 울려
잊힌 듯 머무는 그리움이
문득 내 입술은 당신을 부릅니다

오늘도 마음의 창가에
80송이 시를 놓습니다
당신이 스쳐갈 그 길목에
향기처럼 피어있으라고.

오월의 심장에는 붉은 馬 말이 산다

붉은 장미가 피는 이유를 묻지 마세요
그건 당신 심장 안에 말을 풀어놓았기 때문이에요
기쁨이란 말의 발굽 소리에 놀란 눈동자처럼
햇빛을 타고 어깨로 내려오는 오후의 체온이죠

나는 예감으로 말을 길러요
그 중 한 마리는 당신을 향해 뛰어가요
뭐라고 부르진 않았지만
그 말은 자꾸만 당신의 웃음소리로 울어요

한 송이 미소가 저무는 저녁에 피면
나는 그것을 당신의 이마에 얹고 싶어요
기억하세요. 기쁜 예감은 늘 이름이 없다는 걸
그러나 그 무명의 빛은 가장 환하게 번지죠

오월엔 사랑이 당신 가슴에서 자랄 거예요
그건 봄이 다 뿌리고 간 말을
당신이 조용히 품었기 때문이에요
5월의 심장에는 늘 그런 붉은 말이 살고 있답니다.

정계문

한국문협 회원, 신문예문학회 이사, 반년간〈은점시학당〉 편집장, 제22회 탐미문학상 수상, 시집
『기억의 조각』

천년을 걸어온 나무

더 이상 흐르지 않는
그 자체로 존재하는 시간

노랗게 물든 가을을
주워 담는 은행나무

바람과 비
나무와 새가
정을 나눈다

고개를 끄덕이며
밑을 채우는 시간

버려야 할 것을
아는 순간
천년이 흐른다

새벽사원 죽비소리

파타야의 신새벽
목쉰 울음으로
짜오프라야강을 가른다

모였다 부서지는
선상의 로맨스
강물이 끓어오른다

만다라의 죽비소리에
깊어진 불심
피안을 향해 두 손 모은다

파타야를 깨우는 금빛 윤슬
붉게 타오르는 첨탑

* 새벽사원(왓아룬) : 태국의 대표적인 문화유적으로 불교사원

정교현

한국문협·현대시협 회원, 신문예문학회 지도위원, 재정경제문학회 총무이사, 시집 「산이좋아 꽃이좋아」

산불 혼불

산림은 우리들의 허파이고 생명줄이다
울창한 숲은 우리 어머니의 품속과 같아
자손만대 길이길이 가꾸고 보전해야 한다

산불 나면 우리네 생명을 앗아가고
우리의 터전은 잿더미 되어 사라져버린다
산불이 번지면 우리네 심장은 타들어 가고
혼불이 나가 온 국민을 망연자실케 한다

입산하면 흡연은 전면 금지
제초기 등 가연성도구 사용 시에는
휴대용 소화기 지참 의무화 등
우리 국민 모두가 하나 되어
산불예방에 혼불을 지펴나가자

남산은 보고 있다

북에는 북악산
좌우로 인왕산 · 낙산을 마주하고
남산은 한양 도성을 지켜보고 있다

백제 왕조가 위례성에 터전 닦은 이래
한강 지배세력들이 각축장 이루고
청 태종에게 쫓겨 온갖 수모 당한 것도 본다

또, 왜적에게 밀려 의주로 몽진가고
명나라 장수 거들먹대는 모습도 본다

남침 사흘 만에 서울 북방에 인민군들이 닥치고
석 달 지나 맥아더원수 수도 탈환한 것도 본다

온갖 적들 쳐들어오면 남산 봉수대는 불티나
나라 망치고 유비무환 부르짖는 몽매한 군상들…
남산위의 저 소나무 아래 안중근 의사도 지켜본다

정구민

충북 영동 출생, 가산 백일장 최우수상 수상, 한국방송통신대학교 국문과 졸업.

새소리 까페

달빛 별빛 새소리 모여 시를 읽는 새소리
까페입니다
바람 한 줄 나뭇잎 한 줄기 넣어 저으면
구름이 새파랗게 번집니다

고운이슬처럼 써 내려간 방울새
상큼한 표지 글 밧새
콩나라 팥나라 콩새
쇠박새 진박새 오목눈이 딱따구리 악단들
숲속 식솔들의 나라 구봉산 마루에 휘파람 고였습니다
바람둥이 바람 벌나비 춤 꽃구름 꽃비 함박눈까지
등산길 모퉁이 돌아
새소리카페 글꽃 말꽃 구름꽃 햇살꽃 한 숟가락씩 넣은 유리잔
차 맛은 산매화 닮아
새소리카페 단골손님 산새와 재잘거리며
위작도 거짓도 모르는 글 쓰고
자연 잎들에 적힌 글 무한으로 읽으며
새 카페 앉아 환경시 씁니다

어느새 창가에 걸터앉은 새벽달
목 짧고 해 짧은 새들
지구멸망 두렵다 두견새가 웁니다

문어

물갈피에 글을 쓰는 선비

먹고 먹히는
ㄱ ㄴ ㄷ ㄹ
ㅏ ㅑ ㅓ ㅕ
홀소리와 닿소리
문어 발끝마다 흘러나오는 먹물냄새 행간에서 물비늘로 반짝인다
끊임없이 미끄러지는 글자들
누가 문어를 뼈 없는 동물이라 말했는가?
마르기도 전에 지워버리는 글이랑
한국에서 태어난 문어는
한글밖에 몰라
시를 번역하는 물고기를 만나지 못해 머리 가득 까만 먹물이 고인다

붓을 꺾어야 할까?
바다 환경 살리려 마지막 먹물까지 짜낸다
펄펄 끓는 기적의 도서관 흡반처럼 빼곡한 도서들
인류와 동행하는 문어文語

인류에 기록되어 문화유산으로 남을 문어의 생태시

정근옥

시인·문학비평가·문학박사, 국제펜한본부감사, 한국현대시인협회지도위원, 중앙대문인회부회장, 시집 『순례길 풍경화』 외.

바라나시 연꽃, 그 푸른 바람

갠지스 강가의 연기 속으로 흩어지는 종소리,
짐을 진 길손이 머나먼 길을 외로이 걸어간다

진흙 속에 핀 연꽃, 모든 걸 내려놓고 미소짓는데,
삶과 죽음이 나란히 앉아 올리는 기도 소리

구도의 길 터벅터벅 걸으며 바라보는 저녁 하늘,
갈댓잎 우는 강변에 번뇌의 껍질 벗고 별을 본다

소욕은 흙으로 돌아가고, 구름 위 마음 하나
연잎 흔들던 바람이 다가와 나를 놓아준다

고운사 뜰에서

고운사 뒤란엔 뭉게구름이 떠가고
가허루엔 신선들이 모여 세월을 낚는다

신선이 노니는 선경仙境의 산세
웅장하고 그림같이 펼쳐져 고요하구나

지난날 화랑들이 금수산천을 찾아다니며
몸과 마음을 수행하던 풍류도,

나라를 지키려는 소중한 마음들이
한자리에 모여 온기를 나누면

우국憂國의 충정이 댓잎처럼 푸르르고
찬 서리 물러간 뜨락엔 꽃낙원이 펼쳐진다

어허라, 태평성대가 따로 있다더냐, 산천에
얼음 풀리거든 놀 것 놀면서 살다 가세

정대요

경북대 문리대 졸업, 한국농어촌공사 지사장 역임, 한국신문예문학회 회원, 시집 『바람결에 나의 체취 날리고』 외.

전사자 철모속의 메모

오늘은 현충일
오늘이 있게 한 호국 영령님께 감사를 드립니다

수년전 전사자 유골발굴 현장에서
발굴된 녹슨 철모속 간략한 메모지가
발견되어 언론에 공개된 내용
겹겹이 접은 메모 쪽지는 부식되지 않고
비교적 온전한 상태로 발견 되었는데
"어머니! 잘 계시지요?
상추에 밥을 싸서 한입 먹고 싶습니다
그 맛을 잊을 수가 없어 쪽지를 철모 속 가죽테에
끼워 넣고 다닙니다 어머니 건강하십시오"

상추에 밥을 싸서 먹는 맛
가장 소박하고 평범한 옛적의 우리밥상
어머님이 차려주신 사랑이 가득 찬 밥상

삶을 이어 나갈지 어떨지 알 수 없는 전선에서
잠시 짬을 내어 메모하신 그 간절하고 절실함을
읽을 수 있는 메모입니다
님의 은공恩功을 영원히 기억하겠습니다.

하늘이야 땅이야

2024년 12월 29일
태국발 무안행 여객기의 착륙사고
어린아이를 포함해서 179명이 소중한 생명이
한순간에 별나라로 가셨는데

항공기 탈 때마다 두려움을 느끼면서
간절하게 기도하는 자세로 마음을 안정시켰는데
오랜 비행 후 도착할 때는 안도의 한숨을 쉬고
일상으로 돌아온 것을 감사를 드리곤 했다

짧은 시간의 공포가 전신을 옥죄었을 그 순간을
생각하니 극한의 공포감은 어떤 감정이었을까
짧은 시간을 참고 견뎠는데 동체착륙 중 뜨거운
열기와 함께 화염이 휘몰아친 그 순간까지
기도할 시간조차 허용하지 않았던 그 공포

유가족의 안타까움은 가슴을 더 저리게 합니다
전화가 불통돼 불안한 마음에 재통화 시도하는데
"하늘이야 땅이야"
"하늘이야 땅이야"
역시 대화가 없었다

정덕현

한국문협시흥지부 이사, 한국현대시협 이사, 서석문학 작품상 수상 외, 시집 『자연을 훔친 도둑』 외.

왔다가 사라지는 것

긴 장마가 며칠째 물폭탄으로
세상이 젖어 있다
창문 밖에선 바람 소리가 비행기 날고
빗물 맺힌 유리창엔 땀방울이 흘러내린다

왔다가 사라지는 것들
꽃이 필 때의 아름다움을 누가 따를쏜가
그저 며칠이면 사라지는 것을
그러기에 아름다운 것은 꽃이 아닐까!

세상에 영원한 것은 없다,
그러기에 신이 만들어 낸 나이가 있다
지지 않은 꽃이 있다면
예쁘다고만 말할 수 있으랴

새것은 헌것으로 헌것은 새것으로
동그라미 속에 공전하는 세상
우리의 삶이 아름다운 것이 아닐까?
왔다가 사라지는 것

이름 없는 시인

바람은
붓 없는 입김으로
詩를 쓴다

온 세상
가는 곳마다
계절을 따라다니며

묵언墨言의 필사로
그림을 그리고
풍경을 만들고

세상 이야기를 만든다

수년 동안 시를 써 왔지만
언제나 바람이 쓴 시를
따라 쓰고 있다

바람은 나의 스승이다

정성수

시인·소설가·문학평론가, 경희대대학원 국문학과, 중3 때 첫시집 『개척자』 외, 시선집 『이 세상 최초 짧은시 기호시』 외.

내 이름은 몽상가

내 이름은 몽상가
하늘보다 드넓은 나의 나라에선
눈물 많은 사람들이 스스로 옷을 벗네

저마다 알몸 속에서 향기가 폭발하는 나라
해 뜨면 무화과 왕관을 쓰고
두 손 모아 바람의 그늘 지우는 나라

모두가 왕인 나라
모두가 신하인 나라

해 지면 등불 아래서
하늘이 쓴 경전을 읽고
보이지 않는 사람에게 기나긴 편지를
쓰는 나라

시나브로 꽃이 지면
시민들이 하나씩 꽃이 되는 나라

청옥의 가슴 속에
물 한 방울 품은 위대한 가족들

마주치면 숨가쁜 포옹
목숨이 끓는 소리

저 눈부신 햇빛의 폭포 속에서
이대로 죽어도 좋아라
사는 일은 더욱 좋아라.

섬

나

정순영

1974년 〈풀과 별〉 추천완료, 부산시인협회 회장, 동명대학교 총장, 한국문예대상 외, 시집 『시는 꽃인가』 외.

손가락

남을 탓하면
엄지손가락은 땅을
가운데 손가락과 약손가락과 새끼손가락이
저를 가리키나이다

엄지손가락으로
남을 칭송하면
나머지 손가락들이 저를 가리키나이다

십자가에 엎드려
나를 살리신 은혜에 감사하면
예수의 피로 씻은 열 손가락 모두가
하늘을 향하나이다

창포물에 머리를 감자

오늘은 단옷날
하늘빛을 가슴에 품은 해맑은 소녀들아
눈부시게 하얀 세마포를 너울거리며 물가로 오너라
간밤에 무수한 별들이 내려와 황록색 육수꽃차례 향기를 감춘
선비의 장검같이 뻗어 오른 진록의 창포가 바람에 손짓하며 부
르는구나
소녀들아 생명이 싱그러운 산야처럼 창포물에 머리를 감자

정승운

조선대학교 법과대학 졸업, (사)한국문인협회 회원, 한용운문학상 우수상 외, 저서 『고흥역에서 널 만나면』

독도여

1905년 을사조약 허기진 배 움켜쥐고 쓰러진
겨레의 땅과 바다

치욕의 역사 내 영토 독도를 다케시마라 부르며
자기네 땅이라고 우겨대는
국치의 굴욕을 어떻게 잊는단 말인가

지증왕 13년 선인들의 혼이 지금도
이 땅에 도도히 흐르는데
왜놈들 군국주의 야욕을 결코 용서치 않으리

연인처럼 마주보며 외로움을 달래는 두개의 섬
너를 생각하면 애잔하고 울적한 마음이 드는데
선혈鮮血로 지켜온 나의 영토
내 어찌 나라 잃은 설움을 잊겠는가

나의 몸 독도는 백두와 한라 손가락의 계지季指*
이제 두 손 꼭 잡고
활화산이 되리라, 내 품으리라, 터지리라, 끝내 오르리라

* 季指 : 새끼손가락

울 엄마 단풍

나무 한 생의 이파리 하나 절정으로 물들어간다

무슨 우여곡절인지 몰라도
뜨거운 태양 아래 처절하게 울어대던
매미들은 자취를 감추어 버리고
저 많은 붉은 잎잎은 갈바람에 찬이슬을 맞기도 한다

나무의 한 생
붉게 물든 단풍은 화려한 천자만홍千紫萬紅 터트리는데
저 하늘 구름사이에 뜨는 낮달처럼
홀로 애잔하게 왔다 가시는
울 엄마

한 생을 아낌없이 제 몸의 전부를
이 세상에 버리시고도
이 세상에 가장 아름다운 오색빛깔로 머물다 가신
울 엄마

정영례
한국문인협회 회원, 상상탐구작가상 외, 시집 『소금꽃』 외.

엄마의 소원

건너지 못한 동강난 다리
눈물 보태어 흐르는 물줄기
무색옷의 주름진 엄마가
의자를 꺼내 만지작거린다

북쪽 하늘 바라보는
허름한 나무 의자
새처럼 날고 싶어
엉덩이 들썩인다

동강난 다리 이어주고
막힌 담 허물고
활짝 웃어봤으면
비둘기처럼 날개 달고
훨훨 날아봤으면

벽 부딪는 바람 소리 그치고
답답한 가슴 쓸어내리는
엄마의 시간에
줄줄이 빗금 친 의자가 있다.

열리지 않는 문
– 광복절에 부쳐

꽃봉오리는 오므렸다 다시 피는데
내 땅 네 땅 나눠놓고
하늘에는 미사일, 총소리, 신음소리
닫힌 문틈으로 새어든다
지금은 오갈 수 없는 땅
휴전선은 열릴 줄 모르고
전쟁의 소용돌이 속 호국영령들
흘린 핏자국마다 잡풀만 무성하다
겨레와 조국을 위해 몸 바친 영령들은
해가 뜨고 지는 순간마다
귀를 쫑긋, 발기척 기다리는데
문 열리는 소리 구름 위에 떠 있다
문이 열리면
가슴에 응어리 풀리고 밝게 웃으며
어머니 품에 안겨보고
아버지 회초리도 맞아보고
정겨운 형제자매 만나서
밤새도록 이야기 나누고 싶다
이 땅에서 후손들 맘 놓고 살아갈
평화의 종소리 울려 퍼지길 염원한다.

정용규

서울대 농경제학과 졸업, 건국대학교 겸임교수, 한국시협 회원, 시집 『촛불』 외.

어찌 세월에만 미루랴

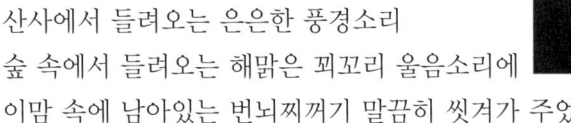

산사에서 들려오는 은은한 풍경소리
숲 속에서 들려오는 해맑은 꾀꼬리 울음소리에
이맘 속에 남아있는 번뇌찌꺼기 말끔히 씻겨가 주었으면

거친 들판 노란색 민들레꽃 홀씨 한 알
내 마음 텃밭 한구석 빈 곳에 떨어져 싹 틔웠다가
커다란 황금색 자비심꽃송이로 무럭무럭 자라줬으면

옹달샘에서 표주박으로 훌쩍 떠 마신 그 초승달
마음속에서 점점 불어나 둥글고 환한 커다란 보름달 되어
갈피 못 잡고 방황하는 우리 중생들 길잡이 되어줬으면

인因과 연緣을 만나 과果를 맺는 일
원願과 행行에 더하여 장구한 인忍의 조합이련만
어찌하여 다들 부질없이 흘러가는 세월에만 미루려 하는고

열암곡 마애부처님 바로 모시기

천년 세월
암흑의 무문관암굴에서
조금도 흔들리지 않으시고

한 마음 깊은 곳 감춰진 자비심
미래세 인연 중생 고통 번민 씻김하려
깊은 보임保任에 드셨던가!

태동하는 새 세상 새 기운
중생들 깨우쳐 기동코자 하오시니
기도소리 남산골 중심 온 세상 꽉 채우고
밝은 광명 환히 비치도다

자비로우신 부처님이시여
바로 일어나셔서 새 천년
새 시대를 활짝 열어주소서

정정남

현대시협 회원, 신문예문학상 본상 외, 한국신문예문학회 이사, 시집 『백미러 속의 무지개』 외.

감자꽃

감자꽃 피었다
긴 꽃 대궁은 황새 모가지
바라보면
눈물이 핑 도는 꽃

어릴 적 6월은
텃밭에 감자 포기 꽃도 피기 전
굶주린 손으로 후벼내었지
전쟁은 끝났어도
돌아오지 않는 삼촌 얘기만
할머니는 실성한 듯 중얼거렸지

뙤약볕에 앉아서
김매기 품팔이 힘에 겨워
광목 치맛자락 황톳물 들고
황새 모가지 그을은 누이야

할머니 한숨 소리 스쳐가는 감자밭
바라보면 눈물이 핑 도는 꽃
대관령 비탈 밭에 감자꽃 활짝 피었다.

모시적삼

밤이슬 촉촉이 내리는 마당
풀 마른 모시적삼 댑사리에 널어두고
오손 도손 둘러앉은 멍석 가운데
찐 감자 옥수수 구수한 바구니
보리까락 모깃불로 피어오르는
할머니의 36년 아팠던 얘기들
숯불 다리미에 불티로 탁탁 튀고
이슬 먹은 모시적삼 동정 깃에
구겨진 자존심을 빳빳하게 다리시던
어머니
지금도 그 마당엔
이슬 촉촉이 내리고
아이들은 훌쩍 어른인데
모시적삼 동정 깃
빳빳하게 세워줄 사람 없고
철없는 달빛만 가득합니다.

정찬우

한국문협 자문위원, 국제펜 자문위원, 밀레니엄문학회 회장, 한국민족문학상 외, 시집 『달빛에 띄운 연정』 외.

구국의 영웅들이여

선열들의 피맺힌 한恨으로 일구어 낸
자유대한의 독립 80주년이라
우국충절의 선열들이 아니었다면
오늘의 이 영광
이 자유로운 세상
어찌 누릴 수 있을까

자유와 민주를 숭상한
대한제국의 독립을 위한
우리들의 열망과 궐기가
세계를 향한 영광과 광명이 아니었던가

다시는 잊지 말아야 할
문화민족의 자랑스런 유산인
민족의 긍지와 자긍심이
자손만대 길이 빛날지니

세계를 향한 태극기 휘날리며
대한의 조국 영원하리니
길이 길이 영광 있으라
길이 길이 광명 있으라

오로라

지구의 끝자락 아비스코엔*
백야의 설원이 펼쳐질 때면
광활한 빛의 축제가 하늘을 수놓고 있다

꿈인가 생시인가
우주를 흔들어 깨우는 광란의 빛이
천상을 덮는 순간
이방인들의 눈엔
천둥 같은 전율이 가슴을 친다

극야의 고독 속에도
백야의 설원을 비추이는
저 오로라의 찬란한 빛의 축제
신의 사랑이고
나만이 가질 수 있는 영원한 존재다

아, 이 아름다움
이 찬란한 빛의 여운을
내 사랑 그대와 함께라면
영혼의 축제이련만

* 아비스코 ; 스웨덴의 시골 마을

정해란

한국문인협회 및 국제PEN클럽 정회원, 탐미문학상 본상 외, 제3시집 「시간을 여는 바람」 외.

두 얼굴의 바다

커가는 수많은 생명과
소리 없는 진혼곡이
한 물속에 있다

매일 이곳을
파도보다 먼저 일어나 물길 찾는 어부의 생애
쉬지 않고 낚아 올린 바다의 속살은
낡음과 낚임의 절묘한 경계에서 펄럭인다

만선의 기쁨을 의역하면
이별의 아픔이란 걸 외면한 채
날마다 근육과 힘줄을 키우는 어획량

오늘도 바다는
삶과 죽음의 나들목이 되어
푸르거나 붉은 신호등으로 출렁인다

더위의 심장을 쏘다

어느 폭포의 등허리 뚝 잘라
그대의 침대 밑에 넣어줄까

북해도 도야호의 서늘한 가슴 한쪽 베어
그대 뒷목에 걸어 줄까

청록으로 반짝이던 플리트비체 호숫물
폭포의 요정까지 한 움큼 떠서
그대의 정수리에 부어줄까

악마의 목구멍까지 품은 이과수폭포
그 장엄한 물줄기의 심장을 빼내어
더위로 파인 그대의 심장에 퍼즐 맞춰볼까

그리하여 아이슬란드 우렁찬 굴포스 폭포
장엄하게 피던 무지개 한 조각까지
서로의 가슴마다 시원하게 피어났으면

조승부
수필가, 연세대 행정대학원 석사, 서울시 공무원, 영진주택 대표, 서울시장상 외, 저서『일과 결혼에 성공하는 법』

연애와 이별

사랑하는 사람을 만나기 어렵다
어렵게 만난 사람 헤어지기도 어렵다
사랑이란 도대체 무엇이길래 아리송하기만 해
온 기력을 다해 사랑하는 연애가 아니라
나와 어울리는지 나와 성향이 잘 맞는지
이 사람을 사랑할 것인지 아닌지 저울질하다가
상처를 받고 헤어져야 하는 것이 두렵기만하다

만남은 연애에 무게를 두는 것
연애는 모든 것을 알아가는 과정, 그래도
사랑은 하는 것 같은데 결혼은 망설여진다

만나고 헤어지는 것은 살아가는 한 과정일 뿐
만나고 헤어지고 여러 번 이별했다고 해서
나의 가치가 떨어지거나 영혼에 상처받는다면
이별했다고 해서 이혼했다고 해서 파혼했다고 해서
나에게 문제가 있는 것은 아닐까 염려하지 말자
만나고 헤어지는 것은 살아가는 한 과정일 뿐

사랑하고 싶어, 사랑받고 싶어, 사랑 베풀고 싶어
결핍을 채우기 위해 성급하게 사람을 만나지 말자

외롭다고 해서 내 안에 어디가 비어 있다고 해서
만나지 말고 혼자 있어도 괜찮을 때 만나자

사랑의 주체는 나 자신
온전히 자신을 위해 후회 없는 선택을 위해
좋은 선택을 위해 많은 사람을 만나보자

이 사람은 나와 안 맞아 하고 말하는 건
선택의 폭이 좁아질 수 있어
사랑을 한다는 건 짐을 나누어 지는 것

상대방과 짐을 나누어질 마음과 의지가 생기지 않으면
서로를 위해 건강하게 헤어지는 것이 좋을 수도 있다
헤어질 때는 예의를 갖춰 이별할 수 있어야 해
비록 마음의 상처를 받는다 하더라도…

조화훈
국민은행 근무, 천도교 종로교구장 역임, 시집 『그대를 위하여』

늘푸른 소나무

돌개바람 타고 날아온 솔 씨 하나
바람 피하고 돌부리에 기대어 싹을 틔우고
물오른 5월이면 늘 푸른 가지 뻗어
소낙비도 맞으며 지새운 여름밤을 꿈꾸고
별빛 차가운 서릿발 머금어
찬 바람에 모골이 송연한 긴 밤이면
등허리 꺾어 움츠리던 몸부림
마디마다 굵은 주름 이루고
알몸을 때리는 진눈깨비에 주눅 들고
뿌리채 흔드는 큰 바람에 허리 굽히고
싸늘한 달밤이면 큰 꿈도 꾸며 보낸
긴 세월에 굳어진 마디마디 갑옷 두르고
모진 바람 흰 눈이 덮어도 그저 묵묵히
인고의 고락을 뿌리 내리며 키운
푸른 기개 하나로 머금은 검은 솔방울
모진 세월에도 얼굴색 변하지 않고
새봄에 넘실거리는 구름 따라
푸르게 푸르게 한 많은 세상을 향해
날아가고픈 슬픈 추억으로
차라리 등급은 채 푸른 꿈이어라

해변의 전투

청군과 백군의 전투는
태곳적부터 지금까지
현재 진행형이다
청군은 해변을 향해 거품을 물고
백군은 모래성이 부서져도 버틴다
청군은 파도를 선봉에 앞세워
칼 가는 소리로 위협하고
백군은 바위를 갈아 모래로 변신하여
모래톱에 머금으며 파도를 물리친다
파도는 물러가지만 포기하지 않는다
파도가 서서 공격하면
모래는 누워서 백병전을 감수한다.
백군은 파도를 물로 보고
청군은 백군을 모래성으로 본다
청백전은 전설이 되어
초등학교 운동장에서
재현되고 전수된다
청군이겨라!
백군 이겨라!
해변의 전투는 신화가 된다.

지영자

한국문협·한국현대시협·고양문협회원, 고려문학회 부회장, 한하운문학대상 외, 시집 『그리움의 도돌이표』 외.

그리움의 노래

마음의 꽃밭에 그리움의 꽃이 핀다
봄이면 진달래 피고,
여름이면 녹음의 잔이 넘치고
가을이면 단풍잎의 오묘한 조화
한 겨울 시린 겨울의 끝에서도

추억과 사랑이 있는 행복한 순간 마다
눈이 시린 하늘 뭉게구름 떠다니는
멈출 수 없이 파도처럼 소용돌이치는 사무침
바로 그리움이 구절초처럼 흔들린다

나의 그리운 사람아
그대의 지나간 사랑이
끝없는 나의 그리움의 노래가 되어
외로운 마음을 달래주는 눈물겨운 그대.

G선상의 아리아

협주곡의 일부가 바이올린 곡으로 편곡
유명세를 달리하는 아리아를 듣는다
아다지오와 라르고의(Adagio, Largo) 선율이
따뜻한 바람으로 이어져 꾸밈없는 자연스러운 감정이
바이올린은 손가락의 테크닉에 의하여
유입되어 흐른다

낭만주의 거대한 파고 위에
재탄생한 바이올린 G선상의 아리아
가장 굵고 낮은 한옥타브 내린 한 줄에서
선율의 다채로움이
바이올린 솔리스트의 감각에 의한 고요한 흐름이
창조의 재해석으로 어두운 마음을 사로잡는다

죽은 대지를 깨우는 비의 순환처럼
미묘한 가락은 고요함으로 위로의 상징인양
청량제로 스며든다
나의 녹슨 심장을 두드리며
꾸밈없는 자연스러운 바람이
잠든 시심을 불러일으킨다.

지은경
철학·예술학·문예창작학 전공, 시인·문학박사·문학평론가, 서울시문학상 외, 시집 『수다』 등 16권.

태극기는 살아있다

오래전 행사 식장에서의 일입니다
태극기를 차에 놓고 내린 담당자가
당황해하니 재치 있는 사회자가
"여러분의 가슴에 태극기를 달고
국기에 대한 경례를 하겠습니다"
그 후부터 태극기는 내 가슴에
항상 살아서 펄럭입니다

광복 80주년의 아침,
푸른 하늘에 태극기를 꽂으며
대한독립 만세소리 들어봅니다
선열들의 피를 토하는 목소리
넘어지면 일으켜 세워주고
쓰러지면 다시 일으켜 세워주던
태극기는 대한민국을 지켜준
총칼이요 우리의 역사입니다

태극은 삼국시대부터 사용한
우리 겨레의 표상이요 전통문화
선조들의 혼이 배어있는 문양이요
민족정기가 흐르는 깃발입니다

창공에 태극기를 올리고 흔들면
백두산이 쩌르렁 호령하고
한라산이 뜨겁게 응답합니다

국경일마다 태극기를 꽂으며
어둠에서 빛으로 서게 하는 힘,
지리산에 촛불이 타오르고
서울역엔 태극기가 펄럭이니
촛불은 빛이요 태극기는 국가라
태극기와 촛불이 하나로 얼싸안으면
대한민국 통일의 문 활짝 열립니다

차용국
한국문협·신문예문학회·한국가곡작사가협회원, 남명문학상 외, 시집『삶의 빛을 찾아』외.

진정한 휴머니스트
- 우당 이회영

저동의 책장에서 만났습니다
명문대가의 자손으로 태어났어도
스스로 모든 봉건적 인습과
계급적 구속을 벗어던지고
진정한 자유를 실천하신 참지식인을

뤼순의 감옥에서 헤어졌습니다
독립군 자금과
인재 양성에 평생을 바친 대가로
모진 고문과 협박을 받으면서
올곧게 신념을 지키며 옥사한 우국지사를

혹독한 겨울을 이겨내고 매화가 피는 것은
아무리 암울한 시대라도
여명을 밝히는 샛별 같은 사람이 있다면
꺼진 역사의 등불도
다시 켤 수 있다는 희망 때문입니다

임은 한 인간의 삶의 보폭이
얼마나 위대하고
아름다울 수 있는지를 보여주셨습니다

임은 인류애로 충만한 세상을 소망했던
진정한 휴머니스트입니다

석굴암

밤새워 흐르는 눈물 바위를 두드리고
성난 계곡물 소리 세상을 경계 긋네
석굴암 면벽 흔들며 요동치는 빈 가슴
오늘 밤, 길 떠나면 돌아올 기약 없는데
가슴골 깊이 파인 시름을 움켜쥐고
하늘은 어서 떠나라 모진 이별 재촉하네
옛날에 함흥에서 회란용가 타고 오신
개국의 성군처럼 다시 올 리 있으랴만
암벽에 글 을 쪼아서 소망 하나 남겼네
먼 훗날, 저 들녘에 광명의 빛 고운 날
비바람 견딘 석벽 희미한 흔적처럼
백골이 남아 있거든 예서 뿌려 주소서

차학순

시인·문학평론가, 하유상문학상 수상 외, 현) 마두아성서학연구소 소장, 인사동시인협회 회장.

무명無名 용사

죽음은 삶보다 더 가까이에 있고
슬픔은 더 이상 기쁨과 그 어깨를 같이
하지 못할 때
빛바랜 軍帽 위 소위 계급장은 아침 이슬에 젖는다

삶을 위한 고단한 여정
이제 죽음과 맞닿아 영원으로 향하여
허공을 손짓하고
그리운 이들을 향한 이름 모를 풀벌레들의 함성은
산 자들로 부끄럽게 하는구나

그 숱한 핏방울들이 결코 대신할 수 없겠건만
삶의 온기는 간데없이 사라지고
이제 남은 것이란
한쪽 귀퉁이 찢어진 인식표 그 한 자락일 뿐
무명용사의 귀전에 들리는 포성은 아직도 아련한데
이름 모를 잡초만 무성해
지나간 세월을 탓할 뿐이다

아! 언제이런가?
우리의 만남이 영원으로 승화되어

지천에 깔린 6월의 초록들처럼
생경스러운 아름다움을 발하게 될 날들이
그리움이 강물 되어 흐르는 6월이 오면
나는 한 줌 흙이 되고
빛바랜 軍帽 위 소위 계급장은 아침 이슬에 젖는다.

채자경

한국문인협회 회원, 인사동시인협회 회원, 한국문학인상 수상 외, 시집 『목련꽃 사다리』

울음 타는 붉은 강

어머니 눈물로 얼룩진 아버지 편지를
강물이 읽는다, 내가 듣는다

태극선 부채로 한을 말리던 엄마의 눈물은
아카시아 꽃이 필 때도 마냥 붉기만 했다

갓난아기 업고 보따리 이고 지고
귀신새 울음에 소스라치면서도 넘었던 산길은
돌아오리라, 살아서 돌아오리라
초록 울음으로 출렁거렸다

버썩 마른 목, 개울물로 적시고
허기진 배 초근모피로 채우시다
덜커덕 등가죽에 붙은 배

섶다리 아래서 울음이 타던 강은
물결에 아기 얼굴 남편 얼굴 번갈아 비쳐서
기어이 엄마는 죽지 못했다

하소연 길고긴 그 세월에서는 소쩍새도 울고
그리움에 목이 길어진 나도 울었다

아버지가 남긴 편지글 속에서
태극기 물결치듯 넘실넘실 살아야 했다

회전문

뒷덜미를 잡히지 않으려면
앞으로 밀고 나갈 수밖에
관계 맺지 못한 빈칸마다
더 세게 밀어야 열리는 문
여러 개의 꼬리는 감추어야 했다
애써 지우려는 그늘은
불안하기 그지없다
덜커덩 앞을 막아설 때마다
구두 굽은 더 높아갔다

데리고 온 지난날 그림자가
빙글빙글 문을 돌리고 있다

천도화

한국문협 회원, 광명문협 명예회장, 한국신문예문학회 부회장, 제5회 월탄 박종화문학상 수상, 저서 『속눈썹의 미학』 외.

애가 탄다

푸석푸석한 밭고랑마다
어린순들이 타들어 간다

기댈 곳 없이 말라가는 것들
구름은 애써 물을 모아보지만
잠시 멈칫거리며 땡볕에 애가 탄다

한 잎 한 잎 물을 적시며 종일 밭으로 오가는 바람
온 몸으로 바동거려도 허리는 더 쪼그라들고
굽어진 몸이 땅으로 기어들어 간다

누렁이도 혓바닥을 길게 늘어뜨리고
머뭇거리기만 한 어정쩡한 바람은 맴돌기만 하고
산 너머 어늦을 헤매고 있을지도 모를
먹구름을 데려오고 싶은데

지난밤 눈물을 숨긴 채 잠자는 동안 아버지 다녀갔을까
질척한 밭고랑에 콩대들이 시퍼렇다

뒷걸음 멈칫 바람 기웃거리는 어정칠월 건들 팔 월
토막 난 여름 잠시 여우비가 내린다.

할미꽃의 전설

꽃봉오리 잉태한 채
양수 속에서 웅크린 열 달
소중한 보물들 곰비임비를 보듬으며
윤회로 돌아온 전생의 업은 무엇인가

가시에 찔려도 저토록 아플까 들쑥날쑥 통증을 삭히느라 힘겨운 몸, 헛것이 눈앞에서 아른아른 기억을 가리고 찡그린 표정 애써 지워보지만 촌각을 다투는 순간에도 안간힘으로 버티는 45kg 가슴엔 응어리 품고 검버섯 피우면서 고목나무처럼 헐거워진 몸에 부스스한 바람 소리뿐

어데 가야…
병상에서 아이가 되어 벌써 가냐고 보채는데

열손가락 마디마디 콩알만 한 옹이 하나씩 품어도
콩대 꺾고 마늘심어
주저앉은 다리로 대추 호두 따느라 뭉그러진 손톱
뼈마디가 겹겹이 붙어 삐걱거리는 허리

바람의 붉은 상처 펄럭이는 아흔한 겹의 시절
휘어진 등, 송곳처럼 찌릿찌릿 파고들어
생떼만 늘어갈 뿐, 곧추서지 못하는 어머니.

최계식

1961년 등단. 한국현대시인협회(1975~) 지도위원, 일체·수상·경력 생략. 한국문협·한국시협회원, 시집 『한뉘 영가』 외.

격렬비열도

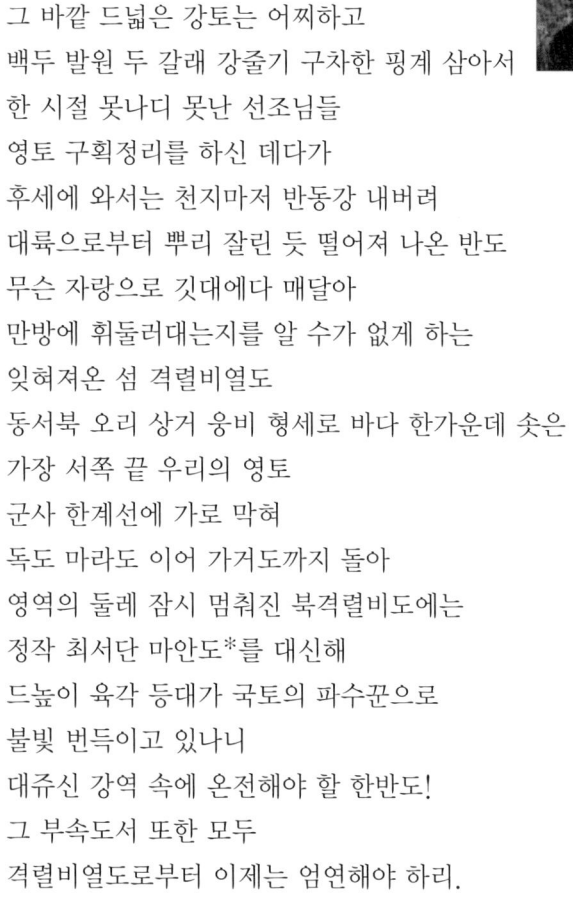

그 바깥 드넓은 강토는 어찌하고
백두 발원 두 갈래 강줄기 구차한 핑계 삼아서
한 시절 못나디 못난 선조님들
영토 구획정리를 하신 데다가
후세에 와서는 천지마저 반동강 내버려
대륙으로부터 뿌리 잘린 듯 떨어져 나온 반도
무슨 자랑으로 깃대에다 매달아
만방에 휘둘러대는지를 알 수가 없게 하는
잊혀져온 섬 격렬비열도
동서북 오리 상거 웅비 형세로 바다 한가운데 솟은
가장 서쪽 끝 우리의 영토
군사 한계선에 가로 막혀
독도 마라도 이어 가거도까지 돌아
영역의 둘레 잠시 멈춰진 북격렬비도에는
정작 최서단 마안도*를 대신해
드높이 육각 등대가 국토의 파수꾼으로
불빛 번득이고 있나니
대쥬신 강역 속에 온전해야 할 한반도!
그 부속도서 또한 모두
격렬비열도로부터 이제는 엄연해야 하리.

* 마안도(馬鞍島) : 영토 권역상 서해 최서단 도서.

나랏말싸미

중국과는 아주 다르기 때문에
백성들이 쉽게 익혀서 편안하게 쓰도록 하고자
세종께옵서 우리 글자
스물여덟 자를 '창제' 반포하시어,
5만 자가 넘는다는 진서*
그 모화 사대를 넘어 겨레 주권 높이 세웠나니
500여년 넘어 정보화 시대까지 내다보시었나
중국은 다섯 번 눌러 글자 하나 '오필자형'**
일본은 102개의 '가나'를 자판에,
두 나라 모두 알파벳 발음 입력해야 하는데
그러고는 35초 걸린다는 타이핑
스물넷 한글은 단 5초란다 과학이다
국제어라는 영어가 스물여섯 자라도
위치에 따라 발음 다르고 나라 따라 독음 달라
한 소리에 한 글자뿐인 한글을
그래서 '모든 문자가 꿈꾸는 알파벳'***이라 하나니

  * 진서(眞書):지난날, 모화학자들이 한글을 언문이라 낮추어 한문을 높혀
      이르던 말.
 ** 오필자형(五筆子型):획과 부수를 이용, 한글의 자음과 모음 식으로 한자를
      조합하는 입력법.
*** 모든 문자가 꿈꾸는 알파벳:세계적 언어학자들이 국제어화 된 알파벳보다
      문자로서의 우수성이 뛰어난 한글에 대한 격찬.

최돈애

시인·수필가·시낭송가, 아태문인협회 자문위원, 미당 서정주 문학상 대상 외, 저서 『그대 그리움 삶이 되어』 외.

광복 80주년에
- 2025년 6.3 선거를 앞두고

광복의 그리움을 지니며
먼저 갔던 이들은
소원이라 했을 것이다

80년을 뒤로하니
이념이 걸림돌 되어
좌파 우파가 하나 되기를
소원이라 부른다

세계 최빈국에서
경제대국 10위권 진입은
한세대가 지나 거래 되었는데

나락으로 가는 길은
눈앞에서 아지랑이 보이듯
가슴을 죄여오니

하늘을 우러러 마음에 거짓이나
꾸밈이 없이 바르고 곧음의 리더를
바라보며 다시는 우리의 주권을
넘기지 않도록 바로 지키자

북한산 그곳에 핀 꽃 한 송이

급하게 내려오다
마주친 이름 모를 꽃 한 송이

왜 이리 그리울까?
다시 오르려면

겹겹이 철조망 걷히고
세습이라는 주체사상

평화 통일이라는
깃발이 있어야 된다는데

길잡이가 되어줄 그리운
사랑이여 어서 오소서

영원히 아름다운 자유의
빛으로 피게 하시옵소서

최미금

명지대 행정학 박사, 전) 명지대 객원교수, 현)국가발전연구원 부원장, 경기도민회 부회장.

꽃방

큰 아들은 용인외고를 다닌다
어느 날 용인외고 근처 찜질방을 네이버로
리서치하여 제일 유명한 찜질방을 찾아갔다
사실 아무 준비 없이 갔다
아들은 생각보다 학교에서 오랜 시간이 걸리기 때문이다
찜질방에 갔더니 어느 어르신께서
큰 수건이랑 양말을 내게 주며
꽃방을 체험하는 기회를 주었다
나는 뜨거운 방을 들어가자마자
금방 나올 수밖에 없는 상황이었다
가보지 않았지만 지옥보다 더 뜨거웠다
그런데 신기하게도 하면 할수록 믿음이 갔고
적응 역시 잘 하고 있었다
한 번, 두 번, 세 번 할 때마다
몸이 가벼워지는 것을 느꼈다
어르신은 거의 출근하다시피 하고 있었다
눈도 좋아지고 병이 없다는 것이었다
나는 누가 무슨 말을 하면 100% 신뢰를 한다
그래서 지금 찜질방에서
꽃방을 사랑하게 된 계기가 되었다.

그 몸은

어머니의 하루

머리 땅에 숙이고
등은 하늘을 향하는
그 몸은, 노동의 글자 디귿

인고의 굽은 선
등줄기 따라 흐르는 땀방울
하나 둘 소금꽃이 된다

시간의 흐름
내 가슴 속 영구히 지지 않는
사랑이라는 이름의 어머니

최병원

시인·서예가, 나라사랑문협회원, 한국공무원문학협회 부회장, 한국공무원문학상 수상, 저서 『내 마음의 알바트로스』 외.

분단의 벽을 넘어 통일로
- 8.15해방 제80주년에

금년이 정전 72년, 분단 77년, 해방 80주년
한 민족 우리 끼리를 수없이 외치건만
남의 나라 중국과는 혈맹운운하면서
배달겨레의 한 민족 한 핏줄끼리는 철천지 원수로

한 하늘아래 남쪽은 철철 따라 골골마다
차고 넘치는 풍요로운 부와 자유를 누리는데
북쪽은 헐벗고 굶주림에 자유와 인권이 유린된 채
갈수록 목숨 걸고 탈북의 물결이 이어지는 북녘 땅

이제 역사가 엄연히 결판이 났는데도
언제까지 인민들을 속이고 공포와 선동정치만 할건가!
도대체 할아버지와 아버지의 유훈이라며
오직 핵개발에만 혈안이 되어 목숨 거니

공산주의 종주국인 러시아와 중국도
개혁과 개방으로 노선을 바꾸었는데
더 이상 미루거나 오판하지 말고
불쌍한 북한 인민들을 슬프게 하지 말라!

이 길만이 남과 북이 함께 살고

한반도 평화를 위한 마지막 선택이니
남·북·미 세 정상이 합의된 약속들!
훗날 새로운 역사의 장에서 길이 남을 위대한 지도자들 되게
하소서!

골 깊은 이념과 사상을 훌훌 털어버리고
해방 전 제2의 예루살렘 평양 땅, 지구촌 유일의 분단된 조국!
역사를 주관하시고 통치하시는 여호와 하나님!
이 백성들의 외치는 기도를 들으사 평화적인 남북통일 이루어
주소서!

최선미
서예·캘리그라피 마스터, 명륜문학회 회원, 한국신문예문학회 회원.

시대의 빛

노름꾼으로 파락호로
가문에 먹칠
가족은 가시밭길

일제 강점기
독립 비밀자금을 보내며
오해의 화살을
말없이 감당했던
김명환

수십 년 후
딸이 받은 건국훈장 애족장

세상에
비밀의 빗장을 여니
진실이 빛을 보다

두더지게임

팍 때리면 쏙
잠시 후 다시 쑤욱
이놈 팍
요노옴 퍽

잊혔나 하면
다시 나타나는 여의도 두더지
죽었나 하면
다시 살아나는 정치꾼 두더지

여기 쾅 저기 쾅
여기서 쑤욱 저기서 쑤욱
정치판에서 보는
화를 돋우는 두더지게임

최영희

시인·성악가, 아태문협 부회장, 제20회 황진이문학상, 현)대구가곡사랑회원.

아, 옛날이여!

황금기의 나는 어디가고
한 늙은이만 남아 애통해 하고 있는가

아, 옛날이여
그때가 우리 인생의 황금기
젤 행복한 시절이었지

'성불사의 밤'
'기다리는 마음'

캑캑! 캑캑
이젠 목소리도 안 나와
음정이 안 올라가 가슴을 친다

객지에서 공부하던
우리 6남매는 방학 때면 모여
부모님 곁에 둘러 앉아 항상 부르던 노래

가곡들을 합창하며
행복했던 시절 이야기
아, 내가 많이 늙었나보다.

바닷가의 회상

온 늙은이 구순엄마와
햇 늙은이 칠순 딸이 손잡고
옛날 거닐었던
밤바다길 나섰네

언제나 검은 밤바다 위
은파는 반짝반짝 뛰놀고
시원한 바람타고 고기잡이
통통배는 떠다니는데
같이 산책 나왔던
아들들은 어디로 갔나

등대 방파제위 걸터앉아
키타 치며 부르던 노래
'가고파', '내 마음', '은파' 그런데
바닷가의 추억이 왜 이리 아릴까

이제 엄마와 나란히 앉아 부르는
나직한 노래
왜 이리 가슴이 미어질까

최정아

장안대학교 문창과 졸업, 중앙대학교 문예창작전문가과정 수료, 2009 〈매일신문〉 신춘문예 당선, 2014 〈천강문학상〉 대상 수상.

끼이익

속도가 바퀴를 빠져 나가는 소리
굴러가던 햇살이 멈추는 소리
내리막길에 짐자전거를 아버지가 타고 가신다
뒤에 가득한 짐은 오래전에 내려놓았는데
자전거에는 여전히 소리가 새고 있다

내 등록금 봉투 앞에서 자전거는 끼이익
하늘이 검게 쏟아질 때도
내 귀에 쏟아지던 끼이익
사거리에 신호가 바뀌고 한 아이가 뛰어간다
아이 앞에 멈춘 끼이익
누군가 부음 소식을 듣고 달려가던 끼이익
때로는 멈 출 수 없어 급하게 당긴 브레이크
갑자기 멈춰야 했던 페달
돌아보면 급하게 브레이크 잡은 흔적이 남아있다
아버지가 태워 다니던 저 짐자전거
오래전 아버지를 놓치고
여전히 담장에 기대어 끼이익 끼이익 울고 있다

살면서 수없이 내지르던 내 발끝에서 끼이익
아버지가 내지른 끼이익에 나는 많은 고비를 넘겼다.

귀에 꽂힌 연필

여름동안 몇 채의 집에
뼈대를 그려 놓았다
파란색을 가져본 적이 없는 연필
여름 풀밭을 그리지는 못해도
가을 갈대를 그릴 수는 있다

오월의 푸른 나무를 각도에 따라 북쪽 창문에 들여놓을지 남쪽 창을 더 확장하여 여름을 불러들일지 섬세한 손끝에서 산 하나를 꼽아 놓을지 귀에 꽂힌 연필은 안다

한 자루의 연필 속엔 두근두근 설레는 집 한 채가 들어있다. 새의 울음소리가 잘 들리게 거실의 창문 긴 틈과 각도를 한 치의 오차도 없이 그려 넣으면 짧은 웃음이 긴 나뭇가지로 푸르게 자란다. 물소리 흘러가는 방향에 격자의 마음을 슬쩍 끼워 넣으면 태양은 가장 친절한 각도에서 흔들의자 쪽으로 기운다

연필이 뭉뚝해지면
목수의 귀밑에 흰 머리카락 몇 올쯤
흩날리는 방향으로 그려 넣을 수 있게 된다면
귓속, 이명처럼 울리는
아늑한 집 한 채 지을 수 있다.

최진만

한국문인협회 회원, 부산문인협회 이사 외, 현〈문학가연〉 발행인, 제23회 독도문화예술제 전국대회 대한민국 문화대상. 시집 『구부러진 말』 외.

초승달

하늘은 차디찬
캄캄한 유리창
창 넘어 초승달이 걸렸다
시퍼런 칼날
턱의 곡선을 스치며
밤새 근심어린 잔털을 지운다

저기 송곳 칼끝에 찔린
여우의 앙칼진 울음
까만 허공을 가르면
닫힌 유리창이 깨지고
볼 닿은 그믐 바람 먼 봄으로 추워
원고지 밖 들꽃 세상에도
햇 동이 뜰까

검은 침묵으로 불러보는 이름이여
빛나던 별 빛 넌지시
불러내는 메시아여
초승달 뜨고 진 몇 년
저 밝아올 여명의 언덕으로
떠돌던 초인은 오는가.

녹슬지 않는 칼

칼(刀)은 진지합니다 어떤 것도 잘 썰 수는 없어도 집중하는 칼끝입니다 칼날이 닿기 쉬운 것은 기능의 열정이며 그것이 칼의 자유의지입니다 죽음과 맞서는 의사의 메스는 일 미리 차의 전쟁을 치르지만 장수將帥의 칼보다 더 예리합니다 중력을 빠져나간 오른 칼은 책장을 넘기고 왼 끝은 뚜껑을 열고 상관물이 타지 않게 젓고 있습니다

칼자루로 마늘을 찧는 칼은 아름다운 원형을 썰고 쪼개므로 칼의 현란함을 봅니다 떡국 한 그릇에도 칼끝의 원점은 껍질 깐 굴과 대각선으로 쓴 가래떡과 파를 자르고 때론 붉은 고추를 다진, 녹슬 시간 없는 반짝임이 숨을 쉽니다 가난해도 칼날을 벼리는 연금술사의 시퍼런 몇 방울의 땀방울 같이 코끝에서 숫돌에 똑 똑 떨어질 뿐 서두르거나 휘두르지는 않습니다

그러나 날선 시의 위용을 함부로 사랑하지 마십시오 칼은 제 색깔을 위해 통습적이지 않으며 의존적이지 않습니다 쾌도난마의 과소평가는 겸손의 산물이며 상실에서 날카로움을 봅니다 카타르시스의 봄강春江과 들녘의 스승을 잘게 썰어 탐닉하여도 피 흘리지 않을 명편은 쓸러지고 연도일할鉛刀一割 무딘 날은 시가 되지 못합니다

최춘
수필가·사진작가, 한국문협 독서진흥위원, 한국수필작가회문학상 수상, 저서 『하나의 달이 '천 개의 강을 비추듯」』

2일간의 해방

안성에서 일어난 최초의 3·1 운동은
1919년 3월 11일
양성 공립보통학교 운동장에서 학생들이
읍내에서는 안성장터의 상인들이
만세시위를 전개하였다

원곡면 주민 일천여 명이 면사무소 앞에서
횃불 들고 만세고개 넘어 양성면으로 행진하고
양성면에서도 주민 일천여 명이
면사무소와 주재소를 둘러싸고
만세시위 전개하다 원곡면 주민들과 합세하여
토자 토요테의 잡화점
다카 히데도모 대금업자의 집을 파괴하였다

1919년 3·1 운동 당시 전국 3대 실력 항쟁지로
가장 격렬하게 만세운동 펼쳐
일제 식민통치기관 완전히 몰아내고
2일간의 해방을 이룩하였다
안성 4·1 만세 항쟁으로.

광복 팔십 주년 기념

조국의 독립과 국권 회복을 위해 일제에 항거한
순국선열과 애국지사 위패가 봉안된 광복사
만세광장 들어가는 언덕길 양쪽에서 펄럭이는 태극기
피 끓는 만세 소리 품은 3·1 운동 태극기

잠시 길을 멈추고
뜨거운 피로 자주독립 외치던 소리 듣는다

겨레의 터전, 겨레의 생존을 위해
몸과 마음 다하여
독립 만세 외치고 해산하는 등
격렬한 독립 만세시위 전개하다 체포되어
징역형 받고 옥고 치른 독립운동가

광복 팔십 주년 기념
안성 3·1 운동 기념관 하늘에서 함께 하시리
대한독립 만세, 만만세 소리 영원하듯
영원한 안식을 누리소서
두 아들의 증조할아버지.

최혜영

시인·와인강사·기타리스트, 전)해양경찰명예퇴직(2019년 30년근속), Wine Restau. 지향시와담, 소믈리에/Sommeliere

2023. 강릉제8보병사단
– 6.25전몰장병(487명) 호명 추도식

경포에 물안개 서리던 날
볕은 구름에 맡기고 장대비속 불러본 당신
그대 이름 ↘ 487명
그대 생애 ↘ 1950.6.25
그대 귀향 ↘ 없음(전사)

오죽헌 뜰 안채 바람길 거닐며 율곡이 물었던 참된 정의
"나라란 무엇인가" 그 오래된 물음 끝엔
풍화작용에 투신된 피 묻은 깃발하나 꽂혀 있고

조선 오백 년 누적된 피울음 끝
난설헌 생가 담장 아래 서릿발로 핀 도라지꽃은
억압받은 여인의 분노를 머금고
생에 마지막 스물여섯 꽃잎, 시 되어 하늘을 찔렀다네

그리고
돌아오지 못한 스무 해의 청춘 487인의 넋은
몽환의 현기증으로
경포 바다에 스며든 안녕

나는, 그대를 부릅니다 사백여덟일곱 번,

소리도 없이, 꽃도 없이 그러나, 반드시

대관령 구름 아래, 누군가는 아직도
아들의 부대를 지킵니다
이름 없는 별을 세며 저문 들녘에 불을 밝힙니다

다시 부릅니다
사백여덟일곱 번
그대의 본명을
그대의 조국을
그대의 봄을
그대의 부재를
그대의 묘비명을

부디, 받으소서
강릉에서 보내는 20°의 젖은 비문 한 장과
잉크보다 푸른 침묵의 직조된 울림을

한기정

수필가·시인·교육학박사, 청암문학상 대상 외, 한국문협 회원, 계간현대수필 이사 외, 수필집 『함께 탱고를…』 외, 시집 『시작입니다』

늦게 온 반지

결혼하고 사흘만에 반지를 잃어버린 남편에
실망이 컸다
그 무신경함이 우리 관계의 불확실성을 의미하는가?

커플링을 한 나이 든 부부를 보면
특별히 눈에 들어오곤 했다
그들은 마음이 하나인데 우리는 서로 다른 방향을 보고 있는가?
반지 자체가 무슨! 유치함을 탓하면서도
없었던 듯 말끔한 것은 아니었다

시간이 흘러 우리는 재를 뒤집어쓰고 툭하면 병원 출입을 하며
노인의 특성을 만발시키고 있다

손자가 왔고 우리는 기쁘지만 버거워한다
기쁨만으로는 세월을 거스를 수 없는지
CT를 찍고 입원을 하고 조직검사를 하는 일에 묶여
병원 나들이 사이사이로 일상이 곡예를 한다

남편은 어딘가에서 조용히 있고 싶다는 말을 부쩍 한다. 말을 쉽게 뱉지 않는 그가 그런다. 병에서 개운하게 해방되지 못하

는 마누라 손을 잡고 조물락거리는 시간도 길어진다
난 알아차린다
남편의 머릿속이 동굴 속 무성한 거미줄처럼 성가시다는 것을

서른여덟 번째 결혼기념일
오전에 CT를 찍고
조금 거나하게 점심을 먹는다
남편이 불쑥 '우리 커플링 할까?'
무슨 소리?
나 이번엔 죽을 거 같아?
당신, 가지고 싶어 하잖아
끼고 다닐 거 아니면 하지 않는 게 나아
끼고 다닐게
놀라운 결심이다
곧 닥칠지도 모를 이별에 별점을 꾸욱 눌러 찍고 싶은 걸지도

마지막 화양연화를
넉넉히 할 절대반지이기를.

한말숙
소설가, 서울대학교 문리과대학 언어학과 졸업, 한국여성문학인회 회장역임, 제1회 한국일보문학상 수상 외, 저서 『아름다운 영가』 외.

13세 때 세계문학의 신천지를 보다

아버지의 직장 관계로 나는 초등 1학년 때부터 경남여중 1학년 1학기까지 부산에서 자랐다. 2학기부터 본가가 있는 서울로 이사 와서 숙명 여고에 전학했다. 2학년 1학기 여름방학 때 8.15 해방을 맞았다. 해방이 되자 일본식 학교공부는 필요 없게 되었다 생각하고, 약간의 숙제할 생각을 안 하고, 집에서 축음기나 틀어서 음악 듣고, 낮잠 자고 하는 것이 일과였다.

어느 날 사랑방 책장에 가득 찬 각양각색의 책 등에 씌어진 제목을 읽어가며 구경하고 있었는데, 그 중 가장 아름답고 화려한 똑같은 크기의 책이 20여 권 있었다. 그 중 역사시간에 들어서 알고 있던 '주리어스 시저'를 꺼내 들었다. 표지는 책 등과 같은 하늘빛 바탕에 금빛으로 고대 서양 귀족옷 차림을 한 남자가 부각되어 있었다. 나는 문학이라는 말을 들어본 적이 없어서 그것이 역사책인가 했다. 펼쳐서 읽어보니 희곡이었다. 부루터스가 시저를 죽인 이유를 웅변으로 말하고, 운집한 로마시민들은 박수갈채를 보내고 있었다. 다음에는 안토니오가 시저를 찬양하고 부르터스의 부당함을 노도와 같은 웅변으로 토해내자, 방금 부르터스 만세를 부르던 그 많은 군중들은 돌변해서 '부르터스를 죽여라! 부르터스를 죽여라!'하고 달아나는 부르터스를 뒤좇고 있었다. 13세의 소녀였던 나는 그때 이미 부화뇌동附和雷同하는 대중들의 우매함을 생생히 본 것이다. 그리고 말만 잘

하면 어떤 대중들도 사로잡을 수 있다는 것에 놀랐다. 이때에 받은 충격으로 나는 지금 이 나이까지도 한데 몰려서 아우성치는 대중을 상당히 냉철하게 관찰하는 습관이 있다. 그리고 말이라는 것이 얼마나 무서운 것인가도 알았다.

문학의 위력이라고 할까. 그때 나는 전혀 몰랐던 놀라운 신천지의 굳게 닫혔던 문을 생전 처음으로 열고 들어선 것이다. 그날부터 쯔보우찌쇼요(坪內逍遙)가 일본 고문체로 번역한 셰익스피어 전집을 다 읽고, 다음에는 세계문학전집으로 들어갔다. 그 나이에 특히 나처럼 유아기를 면치 못한 아이였던 내가 그 엄청난 문학을 백분의 일도 이해 못했겠지만, 어떻든 나는 '죄와 벌'에 미쳐버린 나머지 도스토예프스키의 전집을 아버지께 사주시도록 부탁했고, '신달다'에 미쳐서⋯ 헷세의 전집을 따로 갖게 되었는데, 세계문학전집에는 한 작가의 작품이 몇 편만 있어서 그 작가의 전집을 따로 읽어야할 만치 세계 고전 문학에 빠져들었다.

패전으로 일본인 스승들은 다 귀국하고, 우리말로 수업하는 2학기가 시작하고, 중학 3⋅4학년으로 진학해도 나는 호롱불(북한에서 전력을 끊음)밑에서 새벽 2~3시까지 일본어로 번역된 세계문학에 몰입했다.

첫술에 최고의 맛을 본 미각에는 웬만한 음식은 뱉어버리기 마련이다. 음식을 먹다가 맛이 없으면 당장 버리는 것처럼, 몇 줄 읽다가 못 읽겠으면 안 읽는다. 참고 계속 읽으면 혹 좋은 작품일 수도 있으련만. 음악도 그렇다. 예술에 관한한 괴팍하고 참을성이 없어서, 나도 스스로 반성을 한다.

세계명작문학이 보여준 어마어마한 신천지 덕에 나는 수 없이 많은 인간과 인생을 보았고, 동⋅서양은 물론이고 아프리카 대륙의 높은 산 정상까지 넓은 세상을 보았고, 천지개벽 이래의 인간의 마음과 역사를 보았다. 나도 모르는 사이 그 덕에 소설을 쓰게 된 것은 아닐른지.

한범수

경기대학교 명예교수, (사)한국관광학회 회장 역임, 서울시 한강시민위원회 위원장.

세상살이

어떻게 살아야 하나
살 만큼 살았지만
가야할 길 어딘지
허겁지겁 사는 인생사
모르면 모르는 대로
알면 아는 대로 살아갈 뿐

누구는 등 굽고
누구는 아프고
누구는 아직 괜찮다고

그래그래
나는 청춘이지
칠십보다 젊고
팔십보다 젊고
구십보다 젊네

어깨 쭉 펴고
눈에 힘주고
세상살이 괜찮다고
인생 청춘 꿈꾸며
길을 묻고 길을 가네.

가래

어허 가래구나
목구멍 깊은 곳에서
나올 듯 말 듯 붙어 있다가
냅다 뱉으면
마지못해 나오는구나

그래 그런 거지
삶이 그러하듯
너도 그런가보다

오늘이 내일 같고
내일이 또 오늘 같은
그렇고 그런 날이건만
해 저물면 외로운 발자국만 남네

그래 그런 거지
삶이 그러하듯
너도 그런가보다

칵! 하고 팽개쳐질 가래처럼
그렇고 그런 날이
하루를 삼키며 지나가네
삶이 그런 거라고.

한분순

1970년 《서울신문》 신춘문예 당선. 시집 『실내악을 위한 주제』 외, 대한민국문화예술상 외, 현재 한국시조시인협회 명예이사장.

너의 외로움이 반짝여
가끔 잠에서 깨어

연인의 체온으로
나긋하게 반짝여

우주를 헤아리는
가부좌 닮은 곧음

핸드폰, 나만을 보며
손금마다 기쁘다

달은 밤의 고백

좋아지는 속내만큼
입술이 붉어진다
연애는 육식성
심장을 움켜 먹는
사랑에 드러낸 마음
식지 않는
달이 된

비 닿으며
흰 달빛,
내리는 허무의 뼈
올곧은 지평선에
축성된 길몽들
무지개, 태양의 이교
흘려쓰는 긴 복음

한성근

《인간과문학》시 등단. 더좋은문학상 수상 외, 시집 「닿을 듯이 멀어지는 우연처럼」외.

새로운 시작을 꿈꾸며

실타래처럼 스쳐간 날들이 어쩌자고
여유로웠다면
저물면서 옮겨간 내 꿈도 언뜻 웃었으련만
더 이상 잃을 것이 없다고 헤뜨리는 사람들도
절실히 원했던 무람없는 것들만 바라보았을 텐데
세상만사 보란 듯 내편이었으면 하는 속셈은
언젠가엔 공허함만 안겨줄지도 몰라
기어코 게으른 마음 긴 한숨으로 훗날을 기약하는
천근같은 발걸음 채찍질하여
견뎌내야만 다가갈 수 있었을 게야
감춰진 흉허물 스스럼없이 들추어내다보니
모두가 지나쳐 간 어색한 첫 대면에
빛과 빛들이 부딪혀도 보이지 않던
수많은 길들을 눈앞에서 펼쳐 보았으리라
지상의 끝에서도 잊히지 않고 읽혀져야 할
영문도 모른 채 숨어든 가슴 따뜻한 이야기들이
애써 앞다퉈 행간에 숨어들 때
모서리를 날마다 지우는 명상에 들어
낯선 곳의 풍경처럼 쭉 이어지길 바래야겠다

생각은 다시 이어지는데

기척도 없이 떠나간 그대가 안절부절 못하고
다시 돌아올 것 같은
걸음을 뗀 기대는 손사래 치며 멀어져간다

저만큼 낮과 밤을 등지고 걷던
야윈 발목 바라다보니
시린 발가락은 얼마나 추웠을까

얼빠진 생각의 깊이만큼 바람을 헤쳐 나오는
기다리던 소식 언젠가 올지도 몰라
깜박이는 촛불이 대책도 없이 다 탈 때까지
힘겹게 닫힌 마음 반쯤 열어 두었으나
가슴만 뛸 뿐 도무지 소용없구나

흐린 기억에서 멀어져간 시간들을 깨워
닿아야 할 곳의 모습 아우성치듯 가늠해 보려는데
다정한 재회 새로이 목 놓아 기다릴 성싶어
슬그머니 눈길은 문쪽으로 쏠린다

한임동
시인·수필가·서예가, 서울문학 편집위원, 남양주시인협회 자문위원, 시집 『들꽃이 아름다운 이유』 외, 수필집·시서화집.

선구자를 그리워하며

광복 80주년 눈물을 흘립니다 감격에 눈물이
아닌 님이 그리워서 그냥 나오는 눈물입니다

미국에 의해 광복된 우리이기에 자유민주주의를 정착시켰고
나라의 기반을 세워놓은 위대한 이 박사님

공산주의의 기습 남침으로 한반도는 적화되어 희망이 없었으
나 님은 미국을 움직여 유엔이 목숨 바쳐 살아난 나라

동족상잔의 피비린내 삼천리에 물들어 허덕이며 피골이 상접
할 때 하느님은 잘살아보세 영웅을 보내 총화를 이룩했습니다

녹색혁명으로 먹거리가 해결되고 국토동맥이 뚫리고 나라 곳
곳이 새마을로 변했으니 님의 덕분에 21세기 지식기반 경제를
주도하고 있습니다

님이 그리워 눈물이 납니다 80년이 지났으나 서로 물고 뜯고
나라가 반쪽이 되어 갑니다 서로 화합이 안 되는 것은 너 잘되
는 꼴 못 보는 나쁜 습성

민둥산이 푸른 산으로 변했듯이 미련한 인간들에게 바른 정신

넣어주시고 희망의 나라로 이끌어 주소서 바로 님, 정신만이
할 수 있습니다.

태풍

여름이 한창일 때
어김없이 찾아오는 태풍
남지나해 어느 지점
태풍에게 이름을 달아주고
태풍의 눈을 파악하여
예상 진로를 확인한다
태풍은 속도가 얼마나 빠른지
대비 안한 사람들은
우왕좌왕 하다가 휩쓸려간다

바닷물이 휘 뒤집어지고
부실한 곳 허물어 버리고
휘몰아치는 바람과 비
인공지능 시대라고
자연에 순응하지 않는다면
태풍은 약한 곳부터 쓸어버린다
태풍이 지나간 자리에는
시궁창 지대를 청소하며
인간에게 교훈을 주고 사라진다

허형만

목포대학교 명예교수, 1973년 《월간문학》 등단, 공초문학상·편운문학상 외, 시집 『영혼의 눈』 중국어 시집, 일본어 시집 외.

녹을 닦으며
― 공초供草 14

새로이 이사를 와서
형편없이 더럽게 슬어 있는
흑갈빛 대문의 녹을 닦으며
내 지나온 생애에는
얼마나 지독한 녹이 슬어 있을지
부끄럽고 죄스러워 손이 아린 줄 몰랐다
나는, 대문의 녹을 닦으며
내 깊고 어두운 생명 저편을 보았다
비늘처럼 총총히 돋혀 있는
회한의 슬픈 역사 그것은 바다 위에서
혼신의 힘으로 일어서는 빗방울
그리 살아온
마흔세 해 수많은 불면의 촉수가
노을 앞에서 바람 앞에서
철없이 울먹였던 뽀오얀 사랑까지
바로 내 영혼 깊숙이
칙칙하게 녹이 되어 슬어 있음을 보고
손가락이 부르트도록
온몸으로 온몸으로 문지르고 있었다

석양

바닷가 횟집 유리창 너머
하루의 노동을 마친 태양이
키 작은 소나무 가지에
걸터앉아 잠시 쉬고 있다
그 모습을 본 한 사람이
"솔광이다!"
큰 소리를 지르는 바람에
좌중은 박장대소가 터졌다

더는 늙지 말자고
"이대로!"를 외치며 부딪치는
술잔 몇 순배 돈 후
다시 쳐다본 그 자리
키 작은 소나무도 벌겋게 취해 있었다
바닷물도 눈자위가 볼그족족했다

홍기영

이화여자대학교 졸업, 인사동시인협회 이사, 저서 『인사동시인들』 공저 다수.

별

사지가 발기발기 찢겨진 입꼬리로
별이 되어 떠올랐던 서른다섯 해

벌건 대낮 뻔뻔한 진실들의
훤한 알몸 안에 갇혀 빛을 빼앗기고
그림자들의 작당이 넓힌 검은 영토

차마 눈 뜨고 보지 못할 만큼
덧칠에 덧칠을 하고 자라나 기어코
죽지 않는 생생한 밤으로 태어난 치욕의 날들

지친 산천을 흔들어 깨워 욕 보이고
민족의 붉은 피로 물들였던 강줄기마다
흐르던 형제의 울음이여

아득한 그곳을 내려다보며 할 수 있는 일이란,
그저 부들부들 떨며 빛나는 일,
그것뿐이었습니다

새벽 알람

청보라 수국에 젖은
파란색 물약을 먹는 시간
음악은 흐르지 않는다

불투명한 수면 밑으로
자박 자박 찰랑이는 맥박이
창문 밖으로 고개를 든다

수채화 그림 속엔
익숙한 아버지가 수십 년째
창백한 그녀에 취해
잰 걸음으로 흘러가는 중

깨어 있어도
깨어 있지 않아도
따라가기 힘든 흐름은 있는 법

까딱까딱 고개를 갸웃거리던
새 한 마리, 아버지와 도망간 새벽
뒷자락에 물려 튀어오른다.

잠자던 바람의 긴 머리칼이
크게 휘청이고 액자틀이 떨어지는 순간
모든 나뭇가지들이 힘차게 소리치기 시작했다

황선기

시인·작사가·가수, 태극기선양문학회 회장, 《태극기선양문학》 발행인.

월미도 사랑

관광특구 월미도엔
일 년 삼백육십오일
국내외 관광객들이 찾아옵니다

월미도엔 즐길 수 있는 놀이시설이 많고
용기 있는 젊은이들은 재능을 발휘합니다
예술인들 공연무대도 두 곳이나 있어
거의 매일 공연을 하고 있으며
관광객들에게 무료관람이랍니다

경치 좋은 해변가엔
관광용 바다열차가 신나게 달려
연인끼리 가족끼리 친구끼리
사랑과 추억과 행복을 키워나갑니다

미식가들을 위한 회집엔
싱싱한 물고기와 조개들이 손짓하며 반깁니다
어디 그뿐인가요 수천마리 갈매기들의 재롱에
너도나도 행복한 미소가 함박꽃이 됩니다

푸른 하늘 푸른 바다 유람선 기적소리

월미도 바다 건너는 영종도 인천국제공항
하루에도 세계인들이 수만 명 찾아옵니다
대한민국 살린 인천상륙작전지 월미도
지금은 사랑과 낭만이 꽃피는 월미도
대한민국 국민의 사랑을 받는 월미도입니다

목련의 미소

눈보라 휘몰아칠 때에도
밝은 미소 준비하고 있다

가랑비에도 하얀 미소 보내는
근엄하고 우아한 백목련

매미보다 짧은 목숨, 그래서
산책객들의 휴대폰이 바쁘다

아쉬움 남기고 떠나간
내 연인 같은 꽃이여!

황선호

시인·수필가·프리랜서 사진가, 2013년 현대시문학 등단.

여름의 한낮

각혈咯血 같아
땡볕이,

갈증은
훅,
깎아지르고

폐장은
이글거리는 아스팔트 때문에
헉, 헉, 숨 자지러든다

칠선계곡 찬물 같은 그늘에 눕고 싶다
등나무 아래
파랗게 내리는 그늘로 눕고 싶다.

선지 낭자한 여름의 한낮.

석류

앗따아!
하늘도 징허게 푸르네
이가 다 시리네

푸른 양광에
교태, 한 뼘 가득
실바람 한 가닥에도 까르르르…

각시방에
쨍그랑
익어터진 속살.

황옥례

명지대학 문창과 졸업, 한국신문예문학회 제8대 회장 역임, 시집『목어의 눈』외 수필집 다수.

미물들의 전쟁터

감나무 아래 평상에 앉아
꽃밭에 꽃들 보고 화들짝 놀랐어요

아휴!
맨드라미 봉숭아 백일홍 접시꽃
여기도 먹고 먹히는 전쟁터네요
예쁜 꽃들이 어린 메뚜기들
먹잇감인 줄 처음 알았지요

성한 잎사귀는 한 잎도 없었어요
먹고 먹히는 먹이 사슬의 현장
이것 또한 자연 현상이라네요

울꺽했어요
인간들이나 미물들이나 무엇이 다른가요
나뭇가지에 부는 실바람만
무심히 스쳐갔어요

산, 길을 열다

산들은 겹겹이
하늘 닿을 듯 서 있고
끝 모를 계곡 속에 숨어 있어도
다가가면 그 속 안에 길이 있다네

산이 길을 막아 선 것 같지만
바람이 스치듯
구름이 머물다 가듯
산은 길을 열어 준다네

산들이 길을 막고 서 있는 듯하지만
다가가면 길을 열어 준다네
인생, 삶도 쓰디쓴 고난도
참고 참으며 헤쳐 나가면
마침내 희망의 길이 열린다네

황주철

2021년 부산시인 등단, 언론문학 대상 외, 한국문인협회 문학기념물조성위원, 갈렌피겐문예대학 현대시 강사.

소박한 행복

산다는 것이 어떨 때는
행복할 때가 있고
어떨 때는 의미 없이 시간이 흘러가면서
의미 없는 하루가 흘러갈 때가 있다.
살아간다는 우리들의 생활에
소박성을 일깨워줄 때도 있다.
살아가면서 여러 가지 일의 의미
때로는 살아 있다는 가교의
역할이 있는 삶의 연속
행복이란 삶…
살아있음의 행복
어릴 때 작은 일
소박한 꿈의 한 주름
오늘날 반복되어온 일을 보면
적응의 시간도 필요하였고
지난날들이 때때로 그리워지면서
반복되는 그런 날
지난날 그리워하며
나의 소박한 마음
행복을 하나씩 찾아본다.

시

모르겠다.
마음도 없어라 뿌러시게 두절된 그 자식
발버둥을 치면서 뒹굴고
그렇게 묻어온 글
이것들이 나를 알고 있나
자신의 표적을 불태워 본다
이렇게 발버둥 치고
그나마 잠이 들어
다음 날 일어나보니
얼굴 속에는 몽땅 낙서 투성이었다.
시란?
생각을 담고
어둠의 빛을 창설하면서
벽 부딪치는 느낌과 소음처럼
자신과의 말을 하고
자신이 말을 할 수 있는 생각이다.
시는
한 올 한 올 표현의 상상과
표현의 욕망을
그대로 꽃피우는
멀리 있는 사막이 아니다.

황혜경

2021년 부산시인 등단, 언론문학 대상 외, 한국문인협회 문학기념물조성위원, 갈렌피겐문예대학 현대시 강사.

아레시보* 메시지

천문학자들이 호기심으로
카리브 해에서 쏘아 올린
지구인의 생활반응 메시지
있는지 없는지 아무런 정보도 없이
외계인에게 보내는

메시지 답장을 받을 미래에는
지금 지구상에 살고 있는
누구도 확인할 수 없기에
먼지처럼 무의미하면서도
소름 돋게 위대한 도전

복잡한 하루를 그럭저럭 보내며
아주 잠깐 몽상한다

이 광활한 우주 한편
점 같은 지구에 소우주인 생명체…
이곳에만 있는 것일까

* 아레시보 메시지 프랭크 드레이크와 칼 세이건이 1974년 11월 16일에 푸에르토리코 아레시보에서 최첨단 전파 망원경 준공식에서 2380메가 헤르츠의 주파수로

3분간 쏘아 올린 내용(우리는 태양계의 세 번째 행성에 살고 있습니다. 1에서 10까지의 수를 사용합니다. 우리 몸은 이중 나선 형태의 디옥시리보핵산(DNA)으로 구성돼 있으며 주성분은, 수소, 탄소, 질소, 산소, 인입니다. 현재 40억 명 정도가 있으며 평균 키는 175cm입니다)

탐구의 여정

삼복더위가 밀려오던 지난여름
홍골 도서관에서
지나간 시간과 다가오는 시간을 가늠하고 있었다

빈 의자에 서성거리는 몸을 맡긴 나는
한참 동안
알맞은 적당한 두께의 책을 찾아 서가를 헤맸다
마침내 빈 페이지를 찾아 지나간 시간 경건하게 적었다

다가올 시간을 기대감과 희망찬 마음으로
햇빛에 비춰보며 첫사랑의 순수한 순간처럼
기분 좋은 한때를 서가에 꽂았다
그리고 서술했다
깊이를 알 수 없는 문학처럼 거룩하게

해를 넘겨 기차는 어느덧 유월로 가고
오늘도 빈 의자에 하루를 맡긴 채
탐구의 여정을 아름답게 묘사한다
깊이를 알 수 없는 시베리아문학처럼 거룩하고 찬란하게

광복 80주년 기념집

문학이 날다

초판 인쇄	2025년 8월 29일
초판 발행	2025년 8월 29일
지 은 이	지은경
펴 낸 곳	도서출판 책나라
등 록	110-91-10104호(2004.1.14)
주 소	ⓤ 03377 서울시 은평구 녹번로 3가길 14, 라임하우스 1층 101호
전 화	(02)389-0146~7
팩 스	(02)289-0147
홈페이지	http://cafe.daum.net/sinmunye
이메일	E-mail / sinmunye@hanmail.net

값 30,000원

ⓒ 지은경, 2025
ISBN 979-11-92271-55-2

* 이 책 내용의 전부 또는 일부를 재사용하려면
  저작권자와 도서출판 책나라 양측과 협의하여야 합니다.
* 저자와의 협의에 의하여 인지를 생략합니다.
* 파본은 구매 서점에서 교환하여 드립니다.